小資商學院

簡易型經濟與金融
—— 理財工具書 ——

HOW TO
REACH FINANCIAL
INDEPENDENCE

U0538191

葉美麗、吳俊德
著

目次

謹向
曾經幫助過我們的業界前輩先達與朋友們
致上無限的感謝

| 自序。葉美麗 |

想要贏，就要有想法、方法與作法！

我出身雲林，斗六高中畢業後，北上到台北六福客棧做服務生。當時，六福客棧的廣東飲茶十分有名，是台北的知名飯店，有許多企業家與政府官員到此用餐，吃廣東點心。我常常默默地站在旁邊，靜靜聽他們聊著經濟等議題，從中學到很多東西。

後來通過了六千人錄取六十人的考試，當了兩年「莒光號小姐」。然而，想到過年過節大家都搭火車返鄉，自己卻必須工作不能回家，於是在飯店老闆的介紹下，進入遠東證券當營業員。

入行時，股市只有八百多點，股價還是寫在黑板上的年代，即時的股票價格還在用收音機播放，報完一輪要超過二十分鐘的時間。當年號子人聲鼎沸，散戶成交量占總交易額的九成。

這一路走來，是戰戰兢兢的經營著證券事業，也努力經營著人生目標。在這其中，有許多的貴人曾經幫助過我，幫助我成長，幫助我克服經營事業的挑戰，我衷心的感謝這些人。

有報社記者幫我估算過，我的團隊每天所經手的交易量占全體股市總成交量的三成以上，有時甚至超過四成，因此報社記者送我一個「股市金釵」的封號。

有點不太敢擔當此一封號！

為了掌握第一手的公司營運狀況與消息，我常常組團去拜訪上市公司，帶著一群客戶與會計師去直接面對公司管理階層，瞭解其經營理念，提出問題。在當時，這是市場首創的「產業拜訪團」。

因為常出國參訪，看到國際市場有很多的衍生性金融商品，但是當時的台灣還沒有被核准發行類似的產品，於是積極推動，與政府相關部門開會討論有關產品。

一九九七年，寶來證券發行台灣第一檔的認股權證。

一九九八年，推出網路下單。

二〇〇三年，發行台灣第一個「交易所交易基金ＥＴＦ」，台灣五〇基金。

二〇〇四年，首先推動股票選擇權交易，開啟「選擇權孫悟空」的股票選擇權交易模式。交易量是業界第一名。

這些都奠定了寶來證券在證券、期貨和衍生性商品的市場領先地位。

當時寶來證券的管理幹部們或合作的夥伴，現在許多都已經成為市場的一方霸主，帶領優秀的團隊繼續在服務客戶。

隨著時代的進步，人們的想法改變了，市場上所交易的產品改變了，但是唯一不變的，是「追求『贏』的心」。

想要贏，就要有想法、方法與作法。

這些想法、方法與作法，是前人智慧的結晶，是經驗的累積，是可以傳承下去的。因此我與和我有相同理念的工作夥伴——吳俊德先生，共同出版這一本《小資商學院》理財書，其目的不外乎是想將「經驗與體悟」傳承給年輕的一代，希望每一個年輕人都有成功的那一天，都有如意的人生。

這一本《小資商學院》除了是「經驗與體悟」的傳承以外，也是一本簡易型的經濟與金融理財工具書，更是一本討論「投資心理學」的書，這與一般的理財書籍不同。

衷心希望，年輕朋友因這本書而使得投資順利。

衷心希望，年輕朋友因這本書而受益。

衷心希望，年輕朋友因這本書而有美好的人生。

| 自序。吳俊德 |

理好財，理好生活，
活出自己的精采人生！

當年大學聯考考上經濟系是一個意外，因為我根本不知道經濟系到底是念什麼的；甚至於不清楚「經濟」這兩個字到底是何意義。接到學校的錄取通知書更是嚇一跳，這學校的經濟系歸屬「文學院」，我深怕我的志願卡是否填寫錯了，我不是念文學的料。

初次與經濟系的學長碰面就被警告，經濟系是很難念的系，每一門主修課都是「大刀」，一砍就死當一半。微積分是數學系系主任親自帶的，他是麻省理工MIT回來的數學教授，只帶數學系和經濟系的四學分微積分，人很好，只是一砍也就是死當一半而已。初級會計與中級會計更是當得比會計系還兇，經濟系就是學校裡最有名的「當鋪」。相對於商學院的科系，經濟系學生的出路是「茫茫的一片」啊！

在美國念書時，經歷美國股市一九八七年十月十九日的股市風暴，史稱「黑色星期一」。當天，美國道瓊指數就在眼前一直跌，跌了再跌，在一天之內跌掉了五〇八點，跌幅是二二．六二％。在這一週內，全世界的股票損失超過兩兆美金。對一個剛剛念財務管理學位的學生而言，這是一場真實發生在眼前的「血淋淋的叢林屠殺」，好比一九三〇年代的金融與經濟風暴再次重現。這是一場震憾教育！

因為工作的需要曾經分別在台灣、美國、加拿大、香港、新加坡、中國大陸等地方的金融機構工作過，也因此必須考試而取得這些地方的相關證券與期貨等專業證照。其間也曾在東海大學的國貿系與經濟系兼課近十年之久。

在職場工作數十年之後，經歷多次的市場多頭與空頭，多次的金融風暴與危機，多次的戰爭，多次的市場重挫之後再起漲創新高的情況。看盡人們在追求財富過程中所經歷的無助、挫折、失敗，當然還有喜悅。因此心裡總想著「應該可以作點什麼事」來幫這些人，特別是年輕人。

另外，也許是時代變遷的結果，發現年輕人對於理財與投資的觀念已經改變許多。然而，年輕人所面對更嚴重與更嚴肅的問題是高房價、高物價、低薪資與超工時等日常生活問題。

為了幫年輕人建立一個完整的理財與投資概念，脫離生活上與財務上的惡性循環，進而追求美好的人生，興起念頭寫一本理財與投資的相關書籍，以傳遞相關的經驗與知識。

有幸，與有相類似理念的葉美麗女士共同合作出版這一本《小資商學院》理財書。書中提到一些有關理財與投資的概念與作法，然而更重要的是其中的一些小故事，希望這些小故事可以幫讀者體驗到理財與投資的重要性；但是，謹請各位讀者切勿對號入座，以免橫生煩惱。

希望讀者在讀完這本書之後，能理好財，理好債，理好生活，理好家庭與孩子，能規畫好自己的人生目標，活出自己的精采人生。

前言

賺錢一點都不難，只要用對方法！

錢真的很難賺！

好不容易賺了一點錢，往往因為莫名其妙的原因花掉，想存都存不住；就算好不容易存了一點點的錢，常常沒兩下子也就再花光了。許多年輕人在大學畢業之前已經背負了不少的學貸，在開始工作的第一個月，就需要撥付一大部分的薪資收入去償付積欠的貸款。

雖然政府持續打壓房價，房價卻是年年上漲，已經高到令人望而卻步，不但要用一輩子的時間來背房貸，甚至要延續到下一代來共同償還。年輕人面對高負債與高房價，真實的生活充滿著無奈，這情況直接迫使年輕人不敢結婚。就算結婚了，也不想生孩子。就算生了一個孩子，也不想生第二個孩子。因為付不起房貸，養不起孩子。

現實生活環境的壓力更迫使一些年輕人走向偏門，去進行詐騙或販賣違禁品的工作。這對社會而言，都是一種損失，都是一種傷害。

賺錢真的很難嗎？

賺錢用錯方法、使錯力就會很難賺到錢。

賺錢是有方法的！

賺錢是有技巧的！

賺錢只用雙手、埋頭實幹是必須的前提，但是，是下下策！

賺錢是要充分的運用頭腦！

全世界有錢的富豪們都不是只靠他的雙手而賺到財富的，沒有一個例外。全世界的富豪們都是靠自己的頭腦與別人的努力和雙手，而共同創造出財富的。要靠頭腦創造財富，就要先具備令人欽佩的專業能力，如此才能讓人信服，才能帶領團隊來為共同目標努力。

「借力使力」是創造財富的過程中所必要的手段！

想要「借力使力」創造財富的第一要件是「多閱讀」。閱讀使你言之有物，言之有趣，可幫你解析問題，並找到問題的解決方法。

想要「借力使力」創造財富的第二要件是建立「可依賴的人脈關係」，有了深入的人脈關係，才容易出現「貴人」，在創造財富的過程中來幫助你。

小資們，專業，專業，專業；很重要，所以要講三次。

小資們，美好的人生等著你去發現。

小資們，美好的財富等著你去挖掘。

小資們，美妙的命運等著你去碰撞出火花。

小資們，賺錢一點都不難，只要用對方法！

小資們，戲棚下站久了，就是你的。加油！

第一堂

問世間「錢」為何物？

財商高低主導你的財富多寡

財務智商（Financial Quotient），簡稱財商FQ，就是對於財務管理的素養，包括個人財務管理、預算和投資等方面的知識與技能。

與擁有財商相對的就是「財盲」。財盲不但沒有個人財務管理的知識與素養，對於「錢」的基本認知更是匱乏。財盲很直接的會影響到日常生活，一個人一旦沒有足夠的理財知識與素養，就會常用「感覺」判斷事情，用「感覺」花錢，可以預見，財盲的生活將會是一團混亂。

一個人的財富多寡，取決於他的財商程度，財商觀念影響人生是最深的。財商的養成需要時間，如同對兒童的教育一樣，要從小時候開始。在金錢上，最直接的方式就是培養孩子管理零用錢，從存錢、花錢等工作著手，開始認識與學習運用「錢」，讓孩子自己管理自己的錢，自己面對選擇並負責，從小開始自我管理，逐步展開財商的養成。

財商的重點在於一種「生活習慣」，一種生活上的「肌肉記憶與反應」。越早學會理財的知識、技能與智慧，並成為一種習慣，你的人生的回報率就越高，人生越精采。

可惜的是，從小學到大學，沒有任何學校在教「財商」，就算是大學的財務金融系也只是教授財務知識而已，而非財務或理財的素養，更不是「財商」。這也是許多財金系教授在股市賠錢的原因，有充分的知識，但素養不足。

在很小的時候，祖母就給我一個存錢筒，只要身上有零錢就存進去。每個週日早上，我會早早就起床算存錢筒裡的錢，「數錢」是我小時候最快樂的時光，我就是一個「總司令」，一落一落的錢就是我的「兵」，數完一遍又一遍，這一落一落的錢就是我的樂高玩具。到了小學五、六年級，政府為鼓勵國民儲蓄，要郵局去每個小學鼓勵學生開郵局儲蓄帳戶。我背著兩個存了一輩子（當時）的存錢筒去學校，滿滿的零錢，總結超過一千元，是全校前三名。當時公務員的每月薪資收入不到新台幣五千元，我也算是個小小富翁。

這就是「財商」教育。

成功的人往往不是智商ＩＱ很高，而是情商ＥＱ很高。有錢人的智商通常也不會很高，但財商ＦＱ卻是很高。

財商的高低，主導著你的財富多寡，也主導你的人生。許多人辛苦一輩子，卻存不了錢，這往往是財商的問題。要有富足與選擇自由的人生就先從財商著手。

你認識「錢」嗎？什麼是錢的本質？

你認識「錢」嗎？「錢」的本質到底是什麼？為什麼每個人要認識它而且要懂得它？

金錢是用生命去交換回來的東西，金錢賦予你富足的人生（enrich life），而不是讓你成為只是有錢的人（being rich）而已。不管你對於錢的態度如何，它已經不知不覺的在我們生活裡，在我們人生的每一個歷程裡，扮演著一個舉足輕重的角色。

錢不是萬能的，但沒有錢是萬萬不能。錢進到每一個家庭，進到每一個人的心裡，它就是我們心中一個不出聲的主宰，主宰著我們每個人的行為。

有人談到錢就「怪裡怪氣」。

有人談到錢就「有著一顆感恩的心」。

有人談到錢就「兩眼發亮，口水直流」。

有人談到錢就「滿腦子的壞水」。

有人談到錢就「嘻嘻，哈哈，不敢正面的面對它」。

錢無關善與惡的分別，所差異的只是使喚錢的人的心態而已。因此不必避諱去談錢，千萬不要有「談錢傷感情」或「談錢就斯文掃地」的心態，勇敢的面對金錢與財富，就是勇敢的面對人生的挑戰。錢主宰著我們的生活和人生，不管你喜歡還是不喜歡它，你都是要真誠的面對它，管好錢，理好財，就是管好生活，理好生活。

與其逃避「錢」與「生活」的壓力，倒不如誠實面對並採取行動應付，也就是重新建構起一個完整的「金錢觀」，與錢建立一個良好的關係，清楚明白賺錢與管錢的動機與方法。

一個懂得過日子的人就是必須懂得如何算計錢。所謂的算計錢，就是清楚的計畫錢是如何賺進口袋的，是如何花掉的，又是如何存下來的。算計「錢」不是什麼不好的事，而是一種細心規畫與執行，對於錢的所有一切想法與作法，都是為了自己的幸福，以保護好自己與保護好家庭為出發點。對於錢，要用健康的態度看待，家人之間最好不要為錢而嘔氣鬥嘴，甚至因錢生忌，使得整個家庭分崩離析。

問世間「錢」為何物？真叫人生死相許！

其實在人生的道路上，「錢」與「愛情」有著相同的特性與魔性，愛就是要大聲的、勇敢的說出來，努力的去擁有。錢也是一樣，對於「錢」與「愛情」，千萬不要不好意思！

「錢」是比親密愛人更加親密的愛人，要作到如此，那就是要先琢磨你的另一半親密愛人對於錢的態度是什麼，然後，以柔軟的身段，堅定的信心，妥善的規畫來掌握「錢」，進而掌握另一半和你自己的幸福。

錢不在於「多寡」，而在於「滿足」的心

很多時候我們並不是在看錢與財富的具體數字多寡，而是在看錢與財富的具體價值是多少。所謂的「財富」不是只有錢而已，而是比錢更大更廣的「擁有的心」，這包含了家庭、友誼、親情、愛情、施捨的慈悲心、樂於助人的熱心腸等等，以及你所擁有的「物質」，也因此可以說，一顆「滿足」的心代表著「財富」的多寡。

「窮到只剩下錢」與「富有到只有一顆心」，哪一個會比較快樂？不必羨慕別人的財富，但一定要欣賞並樂在自己的快樂泉源。心靈的富有與滿足，勝過擁有金山銀山的空虛。

分享一個關於佛陀的故事。一位非常富有的商人，他為佛陀要走過的路鋪了金葉子，為佛陀要坐的蓆子墊上黃金織的軟毯，為佛陀要睡覺的被子用黃金軟絲綢來編織；他貢獻非常多的金錢給佛陀，他相信當他再次輪迴時又會是個富翁，只因為他無私的為佛陀奉獻如此多的金銀財寶。

相對於這位成功的商人，一個小乞丐全身上下的衣服沒有一處沒有破洞，當他看到佛陀走過時，以一顆恭敬的心，獻出他在那兩大沿途托缽而得來的唯一一粒米飯，他沒想著要任何的回饋，只是無私的請佛陀接受他所奉獻的這唯一一粒米飯而已。要知道，這個小乞丐今天沒吃到這一粒米飯，可能明天就會餓死了，可是他仍以謙卑、奉獻的心，奉獻出這一粒米。佛陀在他死

後，讓他脫離輪迴，超凡入勝。

從金額來看，富商奉獻給佛陀的是何等的多，小乞丐卻只奉獻一粒米，乍看之下，一粒米不值什麼錢，背後卻隱藏著小乞丐願意為佛陀奉獻生命的心意。事業有成的富翁和小乞丐相比，哪個奉獻的多呢？錢與財富，怎樣叫做多？什麼叫做足夠？完全取決於你的「心」如何看待錢。

一個人若一味地追求所謂的時尚，而不去內省自己心裡真正的需要，那麼再多的金山銀山也是不夠你揮霍的；而如果一個人能夠緊密的審視他內心深處的需求，能夠體會到「足夠」的境界，那麼他只要一粒米就夠了。

有多少錢與財富才真的是算足夠？完全取決於你的心夠不夠，滿不滿足。你的心夠了，那錢與財富就夠用了；你的心不夠，哪怕是金山銀山，填山填海的錢與財富都是不夠的。

有智慧的人一定要懂得去使喚錢，而不是被錢使喚。在懂得錢之前，要先知道你想買的東西究竟是你內心深處的「必要」，還是只是「想要」擁有而已，沒有這東西，你是不是依然可以活著，依然可以快樂？人生的真正快樂來自於內心的修養與內涵，而不在於你擁有的任何外在物質。從外在物質而得來的讚美、稱許與羨慕，終究會因為時間的流逝或物質的失去而不復存在。

俗話說：「人在人情在，人亡人情亡。」如果你只注重被稱讚的那些外在東西，那麼當「人亡，人情也沒了」的時候，當你不再擁有那些東西的時候，別人的稱讚是不是跟著也就消失殆盡了呢？

時間的價值

討論到金錢與財富的時候，「時間」是一個重要的因素。富人與窮人的根本差異在於「同一個時間內所賺取的金額差異」，也就是經濟學上所謂的「單位時間內的產出差異」，這就是「時間的價值」。

窮人賺錢的方式是「時間的加法」，也就是每賣出一份時間的勞力就獲取一份的收入，如同時薪打工一樣，一分耕耘一分收穫，要有較多的收入，就必須投入更多的時間勞力，簡單的說，就是用時間換錢。這是大多數人賺錢的方式，也說明大多數人是窮人的事實，因為每個人的時間都是有限的，人的精力也是有限的，因此能夠賺取的金額是有限的，所以窮一輩子。

要擺脫窮人的生活就要改變賺錢的模式為「時間的乘法」，也就是賣出一份時間的勞力所得可以重複賣出很多次，只要一次的勞力付出，就可以有許多次的所得。要運用「時間的乘法」的賺錢模式，關鍵在於你的專業「創造力」。

若是你寫出一個有用的手機應用程式，人們願意付費安裝，只要持續有人付費下載，那麼你就是在用「時間的乘法」賺錢；若是你發明一個專利，人們願意付專利費使用此專利，那麼你就是在用「時間的乘法」賺錢。越是專業，越有創造力，越是能作到「時間的乘法」賺錢模式。

而「時間的幾何倍數法」賺錢模式，就是「利用別人的時間、智慧與勞力幫自己賺錢」或「利用別人的錢幫自己賺錢」。要作到「時間的幾何倍數法」賺錢模式，一定會先經歷「時間的加法」與「時間的乘法」，因為你總是要先累積財富，而後才能運用到「時間的幾何倍數法」賺錢模式。

當你想通了而去開一間公司，號召一批有相同志向的人共同為同一目標努力，就是「利用別人的時間、智慧與勞力幫自己賺錢」的「時間的幾何倍數法」賺錢模式。

若你有足夠的理財與投資經驗，在股票或債券市場「利用別人的錢幫自己賺錢」，就是「時間的幾何倍數法」賺錢模式，也就是俗語說「你坐轎，人抬轎」的模式。

台灣諺語說「錢有四腳」，代表的是，真的要賺錢就是要運用「時間的幾何倍數法」，簡單的說，就是「借力使力，用錢賺錢」，但是要注意，千萬不要成為「被借」的那個。

「利息」的影響力

說到「存下來的錢才是錢」，這就不得不談到「利息」。你用勞力賺錢時，就是用時間換錢；你用錢賺錢時，就是用錢換時間。其差異就是在於「利息」。

利息對於我們的錢就是一把雙面刃。利息是上帝的魔法棒，可以幫助你增加你的儲蓄；但是，利息卻也是撒旦的魔爪，你只要一不小心有了負債，那麼你為這個負債付出的利息，就會使你的儲蓄、你辛苦工作的所得都隨之減少。

利息到底是上帝的魔法棒或是撒旦的魔爪，端視你對於錢的態度，以及對自我欲望的控制。收取到利息的時候，那一份喜悅是如沐春風好不快活，感覺利息好像是不費吹灰之力賺得的，其實不然。

要賺取利息，必須要先儲蓄有一筆存款；要有一筆存款，就必須要努力工作賺錢，努力把錢存下來。利息是我們運用勞力所賺取的錢財，在有效率的節儉之下所存下來的，沒有過去努力的賺錢與存錢，就不會有現今能獲得利息的存款，也就是說，現今的利息收入就是來自於過去努力的成果，絕不是不費吹灰之力而獲得的。

運用存款來賺取的利息，因為沒有當下的勞力付出，所以收利息的人在心理上會覺得非常的喜悅，好像有人在幫我賺錢一樣，當然快活。要記住：這種喜悅源自於過去努力的成果。

相反的，若你是屬於有負債的一方，在必須支付利息的時候，相信你是非常煩惱的，只要時間一到，你就得乖乖的把自己辛苦努力所賺的錢付給你的債權人，所有的勞動所賺得的金錢都將要因支付利息而減少。可是你想一想，為什麼你在過去的日子裡沒有好好的努力賺錢把錢存下來，而使得你現在有負債，更要支付許多利息給你的債權人？

不要小看這個利息，短短的兩個字可是牽動著很多家庭、很多父母、很多孩子的心，因為利息給予人們的壓力實在很大。

如果你在做任何事情的時候，沒有把利息這一項支出算進去的話，你的整個計畫可能會失敗，而且失敗的機率頗高，因為利息就是撒旦的魔爪，來阻止你成功的。

在沒有利息支付壓力的情況之下，許多的企業經營是可以成功的；一旦把利息支付計算進去，企業往往就必須面臨經營不善的關門局面。

當你在支付利息的時候，你一定覺得有一隻「吸血鬼」正在永無休止的吸食你辛苦努力的血汗成果。身為父母的一定要藉機會來告訴孩子這種感覺或認知，以避免孩子在莫名其妙的情況下借了不應該或不必要借的錢，而深陷在「吸血鬼」與「撒旦」的魔爪之中。

小資們要記住：理債比理財更加重要，理好財之前一定要先理好債。

在金錢與財富的世界中，不論是誰都必須確實的對「複利」有所認識。複利的計算很簡單，但這個簡單的公式將影響你的一生，它會是你人生中最重要的一個公式。

FV 未來值＝PV 現值×（1＋利率%）n 次方（n 為期數）

未來值的大小受到本金現值、利率與時間的影響，而「利息」的威力價值在於「時間效果」，當時間拉長之後，利息的收入會呈現指數型態的增加，因為在上述複利公式中，時間因子（期數）是公式中的「指數」。

當你擁有「正資產」時，那「複利」就是上帝的禮物，你的正資產將因為複利的計算而逐漸增加。

當你只有「負資產」時，那「複利」就是撒旦的魔爪，你的負資產將因為複利的計算而逐漸擴大，越陷越深，永無寧日。

若你有資產，不要低估利息的「時間效果」所創造的金錢威力價值，它是理財的最根本道理，是累積財富的基礎。

若你有負債，更不要錯估利息的「時間效果」所創造的金錢威力價值，它會讓你的負債不斷的無限擴大，毫無限度可言。

「一無所有」，人生的潛能任你發揮

在進入全球排名的富豪中，有七成是創業的第一代，也就是從「一無所有」開始的第一代，這些人的財富是自己賺的。

幾乎沒有例外，有錢人在人生剛開始的階段都曾經是這樣的，「我努力的付出，可能得到的只有經驗。」他們幾乎一無所有，擁有的只有腦力、只有體力、只是比別人年輕、只是比別人勤快，他們會運用這四個優點來爭取別人的認同，因此許多有錢人在年輕的時候努力的付出、努力的工作、努力的奮鬥，就算只得到經驗而已，這樣的經驗卻是千金難買、千百年難尋的，這也是為什麼這些人會成為有錢人的真正原因。

這些有錢的人，一生都清楚的知道自己的目標。

這些有錢的人，一生從來不會妄想「天上掉下來的禮物」。天上掉下來禮物給你，絕對不是白掉的，你絕對需要付出，這些人永遠相信一句話，「沒有不勞而獲的」，如果有「不勞而獲」，就表示有什麼事情沒有做對、有什麼事情沒有做好，那麼反而需要小心，因為在不久的將來，你可能要付出更大的代價、更大的成本，才能擺平這樣子的事情。

不會妄想「天上掉下來的禮物」的另外一個思考邏輯就是，這些有錢人在他們很小的時候透過家庭教育所建立的生活思想，就是「有得做，才有得吃；沒得做，就沒得吃」，唯有努力的去工作才能夠得到報酬，老天不會突然之間給你一把黃金，如果祂這樣做，表示祂會從你的身上奪走某些東西，可能是生理上的、可能是精神上的、也有可能是你的親人所擁有的東西。

這些有錢人非常明白這些道理，也因此無時無刻不鞭策著他們戰戰兢兢、日日夜夜的奮鬥往前走。

「口含金湯匙」往往是人生悲劇的開始

在歐美社會裡面，會把有錢人分為所謂的「Old Money」與「New Money」。所謂「Old Money」就是繼承祖父輩以來的財產而成為有錢人的；「New Money」就是白手起家，在他自己的手上賺到了錢、累積了財富，他就是第一代的有錢人。

然而，絕大部分的有錢人卻不是「Old Money」，而是屬於「New Money」。每年的全球前四百大富豪排行，其中約有七成都是白手起家的第一代創業家。「天選精子俱樂部會員」是巴菲特用來形容富二代的名詞，相較於天選的精子，在中產階級家庭成長、受教育的人躋身富人行列的機率更高，他們還會強調，如果想成為真正的有錢人，就要努力生活，靠自己的力量創造財富。

「New Money」不但在人數上遠遠超過「Old Money」，他們所持有的財富也更遠遠多於「Old Money」，為什麼呢？原因很簡單，就是中國的那一句古話「富不過三代」。

在歐美，要世代傳承財富的機率很低，父傳子並能維持下去的機率是百分之二十，再繼承給孫子的機率僅僅百分之一，即使含著金湯匙出世，也很難好好守住財富。在東方社會之中，財富傳承給子孫的機率就更低了，因為東方人不相信「專業經理人」，只相信「血統」。

在很多情況之下，「Old Money」因為後代子孫沒有好好的維護，或去賺到應該賺到的錢、存到應該存到的錢，而使得他們的財富日益萎縮，不再是一個有錢人。「Old Money」在某個程度上有點像歐洲的貴族，是世代世襲的繼承方式，隨著時光的流逝，又有多少世襲繼承的財富沒有被揮霍掉，依然能夠被保留在後代子孫手上呢？少，很少！事到如今，又有多少歐洲貴族依然存在呢？「沒落的貴族」也可以拿來形容「Old Money」的沒落，這也印證了「富不過三代」那一句話。

我認識一位五十幾歲的餐廳老闆，他每天開著賓士豪華轎車去菜市場採購，為了幾毛錢的差價還會殺價。看著他每天從賓士的後車廂搬菜進廚房，心裡面就有一個疑問，除了這小小的餐廳，他家是幹嘛的？漸漸熟了以後聊開，他給我一張名片，上面印著是一家上市公司的「副董事長」，他說那家公司是他父親開的，父親是董事長。

就我的瞭解，在那個產業之中，那家公司算是老大或老一，任何一個投資或設備擴充都是新台幣幾十億元以上的。我問他：「你是上市公司的副董事長，但卻天天在這裡忙廚房，跑菜市場？」他說：「我只要一碰到公司的事就不能睡覺，沒兩天就病了，所以我不能管公司的事，每個月只進公司三天。我是長子，父親要我接下公司，但實在是接不下來，所以跑出來開餐廳。」

繼承事業的壓力比你想像的大啊，開個餐廳只需負擔自己與四位員工的生活；父親的公司有近一千名員工，公司經營的好壞可是會直接影響到一千個家庭的生活和孩子的教育。

有位朋友家庭環境十分優渥而令人羨慕，他從大學畢業之後直到四十五歲之前，從來沒有出門工作過，也沒有自己賺過一毛錢，就算結婚生子之後也是一樣，他就是一直在美國念書，念完這個學位再去念那個學位，這些學校都是有名的大學裡很難念的系所，不是野雞大學，所有的學校費用與生活開銷都是靠家裡支撐。

有一天，他的父親忽然中風過世，他必須回台灣繼承父親留下的事業。在短短的三年之內，這位朋友賠光父親所有的事業，連陽明山的大別墅都賣掉了，負債累累，妻離子散，他只能遠走中國大陸去當「台流」，連母親的喪禮都無法出席。

我曾問過一位富豪：「會不會讓你的孩子接你的事業？」

富豪回答：「不會，因為我這行業賺大錢的時機已經過了，下一代不必再陷進來，他們要自己找出路。每個世代有每個世代的賺錢機會與模式，孩子自己要選擇。」

這是個開明的父親。

小資們，不必羨慕有家族事業要接的人，他們不見得樂意接，這些「口含金湯匙」的人，其實有著錢以外的沉重負擔。「口含金湯匙」到底是福還是禍？真的不一定！小資們要記住，我們現在手上所擁有的資源就是最棒的。

「有錢人」與「窮人」的差別

「有錢人」與「窮人」對於錢的思維有很大的差異，「有錢人」把錢當工具以達成他的目的，而「窮人」把錢當作目的。把錢當工具就是錢的主宰者；把錢當目的就會被錢所綁架，被驅使一輩子。

一個是會驅使錢，讓別人為他工作或讓錢去賺錢；一個是被驅使的人，為錢而工作，為錢而活。你是哪一個呢？

財富，除了少數幾個幸運兒買彩票中獎，或者繼承家業得來之外，絕大多數人是靠手賺來的、用心計算來的、用血汗賺來的，所以才有「血汗錢」這個名詞，賺錢是很辛苦的。

有錢人都是用腦袋算計來的。所謂的算計，並不是在計算別人的計謀，也不是設陷阱去偷拐搶騙別人。要成為有錢人，是必須用心去算計每一毛錢要怎樣去賺，每分錢怎麼樣去花，才能得到最大的效益。

就算是一個繼承家業的富家子弟，就算是買到彩票頭獎的幸運兒，你也要知道，你必須仔細的算計你的生活。根據很多社會科學研究與實際觀察，有很大比例中彩票的人，短則三年、長則十年，都會把他中彩票的獎金全部賠光，甚至賠上健康、家庭和朋友關係以及自己的人生。也就是說，即使是有得天獨厚的先天條件或運氣而成為有錢人，你仍然要懂得算計。算計，到底在算計什麼東西呢？算計的是如何可以長長久久的運用你所掌握的金錢來舒坦的過一輩子。

舒坦的生活並非豪華奢侈的過日子，豪華奢侈的日子也並非一定是舒坦的。如果你不能理解這兩者之間的關係不是必然，那顯然你還沒有脫離對於「物質的追求」。「物質的追求」會有其特有的困窘，那也是種非常可憐的生活。

有句古訓說：「小富由勤，大富由儉。」這就是所謂的「算計」。

如果埋首苦幹的努力工作，並幸運的遇到貴人，成為小富倒也不是件難事。但是，如果想由小富變成大富，就必須由「儉」開始。所謂「大富由儉」，就是大財富是由節儉而積累起來的，節省下來的錢，才能真正讓你由小富成為大富。

每次聽到這句話，心總有戚戚焉，遇過很多的有錢人，確實絕大部分都屬於「摳」的。出手大方與否是一回事，但每次出手買一件東西或花錢做一件事時，總會在腦子裡轉三圈：「這筆錢花得究竟值不值得？要不要？願不願意？」要成為一個有錢人，就是要遵循這句古訓，不管你現在的身家財產如何，今天就從這句話開始著手，讓自己成為一個有錢人。

「大富由儉」的另一層含義是必須控制你的欲望，不要一出手就用一、二十萬元買一個包包，你買了它，除了拎在手上，除了表現你的小小富裕、一點點俗氣與「錢味」之外，還有什麼用處？

俗話說：「人死留名，虎死留皮。」別人為什麼會因為一個包包而記得你或想起你呢？如果你為人處事的態度被人所讚揚、敬佩，當大限來到時，別人記得你的絕對是你的為人、智慧、內涵與才華、你一生的風采，這些才可以為你的一生下「註腳」，才能夠為你寫下「墓誌銘」，絕不會是哪個包包或是任何其他的身外物。

內心的氣質涵養、智慧與才華就如同是陳年的好酒一樣，會隨著時間的增長而越是香陳，越是引人回味。小資們所需要的，就是這樣子的東西。只要小資們的氣質涵養夠精緻、才華夠出眾，那麼你拎什麼包包都不會有人在意。拿著一個名貴包包，就算裡面裝滿了錢，內心卻是無半點文化上、知識上的氣質涵養，那也只是虛有其表的銅臭味裝扮，提著這包包又有何意義呢？會有人理你嗎？

以前常跟老婆說：「包包要多少錢不重要，重要的是『包包口袋內要有滿滿的錢』。」銀行的人不會看你的包包值多少錢，是看你的口袋有沒有很多錢。

某次跟一位在金融業叱咤風雲的大姐大喝咖啡，她特別展示一個新包包給我看，這包包設計十分精緻，皮革質地非常好，她要我猜多少錢？根據這位大姐大的購物習慣，這包包總是要個十萬元以上吧，否則是看不上眼的。

沒想到她說：「四九九元而已，是新台幣喔。」震驚呀！她不說包包是四九九元，你會知道嗎？她說包包只有四九九元，你反而不相信，大姐大的氣質與內涵使然。這個四九九元的包包常常裝著好幾個億的投資案，外表一點都不重要，才華、氣質與內涵才是重點。

請不要誤會，我不是反對人去購買什麼包包，只是人要依自己的情況而有所選擇。小資們要成為「大富」，就必須先懂得控制自己的欲望，不要浪費太多的金錢在一些無關緊要的東西上。

大約五十年前我很小的時候，有次跟母親去銀行辦事，銀行的經理跟我們說了一個驚人的故事。一對年老的農民夫妻，一大早就擔著竹扁擔走路到銀行門口等著開門，扁擔的簍筐用麻布袋罩起來，上面擱著幾串香蕉。銀行大門一開，這對夫妻就急著進去，行員一看，兩人腳上都沒穿鞋，褲管捲得一邊高一邊低，簍筐上又放著香蕉，就喊：「阿伯你是不是走錯了？這裡不是菜市場啦。」阿伯開口就說要找經理存錢，行員回說：「存錢找我就可以，要存多少呢？」只見阿伯伸出兩個手指頭，行員說：「兩千元喔，我來辦就好了。」阿伯卻向行員招手請他靠近一些，小聲附在耳邊說：「是兩千萬啦！」行員一聽嚇了一大跳，立刻轉身跑去叫銀行經理出來。

阿伯當著經理的面，挪開簍筐上的香蕉，翻起麻布袋，百元鈔票就一落一落地疊在裡面，每個簍筐裡有五百萬，共四個簍筐。經理馬上請這對夫妻進到經理室，泡了上好的凍頂烏龍，也通知警察分局派警員過來戒備。那時候中級公務人員的每月薪資約五千元，二十五萬元可以在台中市區買一棟透天的房子，兩千萬元相當於現在至少十億元以上。當時鈔票最大面額就是百元，這兩千萬花了一上午點交；銀行分行的金庫現金庫存只能放兩百萬，盤點完之後就必須立刻通知總行將現金運走。

台語說的「田僑仔」就是在講阿伯這樣的人啊！當我還在銀行工作的時候，我最喜歡遇見自耕農客戶，因為那代表有無限的業績可能。

有位朋友長住美國矽谷，是位成功的發明家與專業的創投，曾先後創立三家公司在美國上市。在二〇〇三年、二〇〇四年左右，一群朋友找他去跟一個「很會吹牛」的中國人吃飯，由於他要搭當晚十二點的班機回台灣看老婆與孩子，實在不想浪費時間去聽人家吹牛，但是邀他的人把那人說得跟神一樣，他想說就去看看吧，只要趕得上飛機就好。

當晚那位仁兄滿嘴網路銷售在中國的發展與前景，只是在美國早就有 eBay 與 Amazon 了，朋友心想「講得那麼神不就是要錢投資嘛」，於是問他：「你為什麼要千里迢迢到美國來找錢呢？」那個人說：「我去過中國、日本、香港，但都還沒有人支持。」朋友繼續追問：「需要多少？」那人回答：「五百萬美金，二五％的股權。」在場有人開口：「五百萬美金哪夠你燒呀？不也是肉包子打狗！這樣子好了，我們幾個人湊個兩千五百萬美金給你去燒，二五％的股權，這樣子的比例會比較好算，不吃你啦！」現場幾個人就馬上開始湊起了數字。

這時我朋友接到老婆打來的電話，要確定他出門了沒，另外還交代他，回台後要一起去買一個全球限量的愛馬仕柏金包。因為老婆在催促了，我朋友沒等討論有結果就離開去了機場，隔天陪老婆去買了那個愛馬仕柏金包，全球限量六個，全亞洲只有一個配額，要價六百萬新台幣。

最終他沒有參加那一輪的融資，幾個月之後，日本的孫正義也投了這家公司，那天晚上滿嘴跑火車吹牛的人就是馬雲，那間公司就是阿里巴巴。

後來有次我去這朋友家裡，他家的更衣室有一整面牆都是放包包，單單愛馬仕柏金包就有數十個，什麼顏色都有。他要我猜哪一個是六百萬元的限量包，我回他：「抱歉，我是鄉下人，沒買過名牌包，我猜不到。」朋友用手一指，「就這一個！為了買這個六百萬新台幣的愛馬仕柏金包，錯失一個賺兩百億美金的投資案。」唉！天意呀！我只能為他嘆口氣。

講到「有錢人」，「腦袋」就是他們最重要的部分！

我以前在國外工作時的一位老闆常常告訴我，「The only thing that I never change is I always change.」（我唯一不變的一件事情就是我常常改變），這句話就是在說，「改變」是必須的，是無法避免的，而「改變」就是思考之後的一個結果。

一個人要有新的成長，要跨過不同的阻礙與障礙，就必須時常去思考，如何拋棄傳統的思維模式，拋棄不必要的紛擾與雜思、雜想，而創造出新的思維。這是一個從有到無的過程，這個過程是辛苦的，但是它的結果卻會是甜美的。

有錢人的腦袋就是在不斷的思考「如何的創新」，絕對不是以目前的成就作為基礎來思考，而是站在目前還沒有達到、還沒有完成的目標上來思考「如何達到與完成目標」。

大部分的有錢人，不！應該是說，所有的有錢人，都不是在靠四肢做事，而是在靠腦袋做事。只靠身體做事，再怎麼樣也就是兩隻手在做，兩隻腳在跑而已，體力有限，不可能一天二十四小時都在做、在跑。

有錢人之所以成為有錢人的最重要原因在於他有一顆腦袋，這顆腦袋無時無刻的在思考如何去賺錢，如何的利用別人賺錢，利用別人的時間來賺錢，利用別人的錢來賺錢，所以一個有錢人最值錢的部分就是他的腦袋。要瞭解有錢人怎麼有錢的，就要先瞭解他的腦袋從小是怎麼被訓練的？去解析他的思考邏輯與行為到底是怎麼運作的。

我們講的腦袋不是你的智商IQ有多高，智商多高不是重點，「情緒智商EQ」與「財務智商FQ」有多高才是真正的議題。真正聰明的人不一定有高智商，但必定有很高的情緒智商。真正高智商的人也不會一天到晚告訴別人說「我智商有多高」，若是這樣說了，那就是真的笨。

「具備高情緒智商與財務智商」的腦袋，就是一顆知道「如何管理一個公司，如何管理一群人，如何管理一堆事情，如何管理一堆錢」的腦袋，也就是「用腦袋賺錢，用錢賺錢，或用你幫他賺錢」。

大眾看到非常有錢的人，會覺得他們是有何等的運氣才能夠累積到如此的財富，事實上，有錢人的誕生絕對不是偶然！白手起家的「New Money」深受生活環境與家庭教育的影響，日日夜夜、戰戰兢兢地在為自己的財富和前途奮鬥，在他們所寫的回憶錄或記錄他們奮鬥歷程的報導中可以發現，他們很大部分在小時候的生活是非常困苦的，甚至可以用清貧的程度來形容，也因為這樣的環境，在他們幼小的心裡種下一顆偉大志向的種子，這顆種子就是開啟他人生日夜奮鬥的一個主要因素。

許多「New Money」接受到的家庭教育裡，有兩個非常重要的觀念就是「要做，才有得吃」與「要存錢，才能夠有錢」。

「要做，才有得吃」，就是說不可能坐在那個地方等著人家來養，等著天上掉下來一塊錢，等著天上掉下來一隻肥雞給你吃。你要吃東西，就必須要自己想辦法去工作，不管是去農田耕作或是去森林裡砍材、到工廠做工也好，你都必須做，用你的雙手來養活你的胃；這樣的家庭往往生活負擔非常重，孩子稍微大一點時，連升學的機會都沒有，必須出社會討生活，去協助父母親分擔家計。在這種艱苦的環境與家庭教育之下，他們在小時候就已經被教育成「惟有努力的工作，才會有所得，才有機會生存下來」，不用想著要靠任何人，只有靠自己才有得吃，才有得活。

更重要的一點是，賺到的錢，並不一定是屬於你的，你必須節約花費，才能夠把錢存下來，唯有存下來的錢才是屬於你的錢，才能夠全權的使用它，才有可能會有錢過上好日子。想要把錢存下來，不管你賺的多少，總歸要節省、要節儉、要少花錢。

這種家庭教育根深柢固在孩子的心目中，能夠如此根深柢固的原因在於父母親以身作則，做給孩子看，這就是家庭教育的另外一個重要方式，所謂「言教不如身教」。

我相識的眾多有錢人，即使腰纏萬貫卻是十分節儉，他們往往在餐廳吃完飯之後會把沒吃完的菜餚打包回去下一餐再吃。以他們的財富而言，實在不需要如此節省，這些有錢人常常這樣作，只因為「打包回去」雖是一個很小的動作，卻是一個極為重要的身教，告訴孩子「珍惜」這件事。

有錢人賺錢是徹底運用「時間的乘法」與「時間的幾何倍數法」，在做生意的方法和手段上，腦筋動得比別人快，可以看到別人看不到的，想到別人想不到的，做到別人做不到的，所以他可以從這個生意裡面賺到他應該賺到的錢。窮人就不一樣了，窮人賺錢的方式只能是「時間的加法」，也就是用雙手或勞力來賺錢，要實際付出時間與體力才有收穫，這種勞力活是辛苦的，是累人的，是所得很少的。

有部分窮人是受限於生活環境的困頓，不能讀書或讀不起書，因而知識會越來越不足以應付科技社會的變遷，生活技能也會越來越不足以應付新的社會潮流，在惡性循環之下，窮人要翻身的機會就越來越小。

小資們要翻身的第一件事就是要多讀書，多長點知識。書讀多了，自然就會思考，慢慢的就容易掌握機會，變成靠腦袋賺錢，靠錢賺錢，甚至是找一幫志同道合之士來共同創業。

要評定有錢與否的最起碼標準，就是看看是否「財富自由」，而判定財富自由的第一步在看主動收入與被動收入的比例。

「主動收入」就是你必須付出時間或勞力才能賺得到的錢，這類的收入受限於你的時間與勞力，因此是有限的。

「被動收入」就是你不需付出時間或勞力就能賺得到的錢，如房租收入、股利收入、股息收入。這類的收入不受時間、空間或勞力的限制，因此是無限的。

若是「主動收入」所占的比例甚大，那你離財富自由還有一段距離；若是「被動收入」所占的比例甚大，那你就是財富自由的人。

要如何增加或擴大被動收入呢？首先要努力工作，賺取主動收入，再來要努力擴張人脈，以增加賺錢的機會。有了主動收入，就要好好的管錢與存錢，如此便有機會投資，不論是投資房子、股票或其他任何商品，就有機會增加被動收入。一旦被動收入增加到可以放棄主動收入時，就可以退休過日子了，你就是有錢人了。

要翻身除了靠賺錢，還要靠「人」與「人給的機會」

要經營人際關係，最重要的就是溝通，而溝通的第一步，就是有誠意地放低姿態的去溝通。如果一個人趾高氣昂的指著你的鼻子說：「我要跟你溝通。」你會覺得這個人有誠意要溝通嗎？你會想與他溝通嗎？不會的，因為這個人比較像要「教訓」你的樣子，而不是溝通。再想像一下，有位政治人物向另一位政治人物比著手指說：「我不認為你選得上啦，所以我跟你溝通溝通，你要讓我來選。」你認為這種溝通方式有用嗎？

放低姿態去跟對方溝通討論事情，這不是叫你放棄你的立場，放棄你的尊嚴，這只是一種態度，一種謙卑的態度，讓對方瞭解，我是有心的，我是誠意的、誠懇的想跟你討論事情。相信再困難的事情，在彼此誠意態度的影響之下，也是可以達成一致的看法和協定。

很多時候，檯面上的溝通往往很難兌現，要先進行檯面下的溝通；而檯面下所做的溝通，往往比檯面上要來得更重要。

不要期待一堆人聚在一起能達成一個多麼了不起的結論，那是不可能的事情。要這些人聚在一起達成某種程度的結論，必須有人穿梭其中，來來回回彙集各方的意見，讓各方對於這個事情到底是怎麼一回事有個最初的瞭解，每一方人馬自然會各自分析他們的利弊；這個就是所謂檯面下的溝通。

檯面下的溝通即使失敗，也不會損及各方的面子；而檯面上的溝通一旦失敗，就會傷害到各方人馬的顏面，在日後的溝通上將出現更大的困難，甚至於使得全部的計畫無法完成。這就是為什麼要擺低姿態先進行檯面下溝通的一個重要原因，當雙方都試圖在檯面上溝通所有的事情時，注定溝通就是會失敗的。

溝通是成功的首要工作，因為透過溝通，雙方可以相互瞭解所有事情的來龍去脈與利弊之分，進而透過共興利、共除弊、共享利益的方式，來共同處理一些事情，希望處理完這些事情之後，雙方能共赴成功之道，共同賺取商業上的利益。

「誠信」是溝通的基礎，當你與人溝通的時候，你第一個要想到的是「必須誠懇，必須誠信」。「誠懇」就是要告訴人家，你是真心的；「誠信」不是用嘴巴說說，而是必須確實的去做，如此一來，你要溝通的對象會毫無誤差的體會到你的誠意，你的誠懇。

如果你沒有帶著誠懇與誠信去做溝通，就算你講的話再好，言辭再美妙，聽者都體會不到你那一顆真誠的心。以誠懇與誠信作為一切溝通的基礎，就是彼此之間要相互的信賴。信賴就是「寧可別人負我，我不負別人」的另一層含義，已經答應的事情就不可反悔，就必須做到，這就是所謂的誠信。你寧可失去一切也必須保留誠信，因為一旦失去誠信，就沒有了溝通，就不可能共同去做事情，共同分享利益。古今中外有許多成功商人的例子，這些商人的共同特性就是非常注重誠信。

誠信是你經營人際關係中最重要的一個態度，結交朋友不是一件很困難的事情，試想，人的一生會交往多少朋友，然而只有一兩個人會成為知己，人生若得一知己足矣。要結交知己，就是必須以誠信來結交。結交酒肉朋友，只要有金錢就可以，有得吃，有得喝，有得玩，這種朋友自然而然會出現，會靠過來，然而，這種朋友有多少人會用誠信來與你結交？不多，真的不多。

人之所以會跟你交往，是因為他希望有一個誠懇的人，這個人不是來騙他的，人同此心，心同此理，你不以誠信來與人交往，那就永遠交不到好人、好朋友，永遠交不到知己。

小資們，若是沒有「誠信」，那就是「渣」！必須離這個人遠一點。

要讓別人信任你不是一件簡單的事，若是可以作到下列幾件事，就容易讓別人多信任你一些。

首先，作一個「傾聽」的人。「傾聽」代表的含義在於「你的關心與關懷」，每一個人都需要別人的關心與關懷，因為那是一種同理心的表現，每一個人都會把有同理心的人當作自己的知音。要讓別人信任於你，就先作一個「傾聽」的人吧。

其次，少說自己的好惡與有關自己的事。自己的好惡是你自己的事，與別人是沒有關係的，常提「有關自己的事」代表一種強烈的「主觀意志」與「主導的欲望」，這會讓與你在一起的人有壓迫感，會產生排斥的心理，會拒絕你，那你就無法取得別人的信任。

最後，「溢於言表的快樂心情」可以很快的感染到與你在一起的人，讓他們覺得與你在一起是「有希望的」、「光明的」、「有前途的」，他們會對你產生好感，有了好感就會有信任。心理學家說，「帶著微笑」去作每一件事情是比較容易成功的，因為比較容易獲得別人的協助。

有錢的人之所以懂得溝通，懂得如何經營人際關係，完全在於會思考如何找到最好的人來幫他們做事，在適當的時機，可以運用這些人際關係來幫他們擺平或搞定一些困難的事情。

在人際關係裡面，不單單只有朋友之間，也包含著長官對部屬、老闆對下屬的這一層關係。有錢的人在面對人際關係時，永遠不會忘記要處理好老闆與下屬之間的關係，找到合適的幫手並不是一件容易的事情，找到一個負責任的好幫手更是難上加難。有錢的人對於對他有幫助的這些人，會無所不用其極的讓他成為自己的好幫手，要這樣做，就非得「知人善任，投其所好」，這八個字就是在經營老闆與部屬之間的關係中所必備的功夫。

有錢人靠頭腦賺錢，他有再好的頭腦，總是要有人去執行。在執行的過程中，最重要的因素就是人，找到好的人、適當的人，事情就已經完成了一半。有錢的人非常清楚他的腦袋只有一個，無論他多麼的聰明，多麼的有智慧，也是不可能學得所有的知識，所以他必須善用有識之士來為他工作。

很多的企業家連小學都沒有畢業，可是卻掌控著數千億美金的資產或數萬名員工的公司，為什麼可以做到如此？他不可能有那麼多的智慧和精力去思考如何管理、如何創新，事實上，有錢人的腦袋只有在想一件事情：「我如何處理好人際關係？」尤其是老闆對下屬的這個關係，如果把這個關係處理好了，自然而然有辦法找到有適當學識的人來幫忙處理這些芝麻大小的事情。

俗話說：「千金難買善任人，萬金難買聽命將。」讓你的將士聽命於你，為你盡心竭力，這不是一件容易的事情，然而為什麼有那麼多的人願意為某些人赴湯蹈火在所不辭？原因在於這位老闆的知人善任，所謂「士為知己者死」，就是這個道理。

要讓你的將士聽你的，簡單說就是「投其所好，惡其所惡」，每一個人都有他所喜歡與所不喜歡的事物，他所喜歡的就必須給他，讓他聽命於你，他所不喜歡的，你也就不要去動它。老闆與下屬一定要講「人性化」，一定要合理，這並不是說你不能要求員工在某些時間完成某件事情，這個並非不合理的，而是你必須時而站在員工的立場去思考，以他的能力而言是否可以辦到，如果不能辦到，那麼大可不必難為他，換個有能力去完成的人作就好了。這就是一種人性，千萬不要濫用老闆的權力來壓迫下屬，而必須用頭腦想出適當的策略來驅使下屬向前邁進，讓下屬能夠自動自發的作事情，這樣子才能夠得人心，才能夠經營好這個部分的人際關係。

小資們若是本身沒有創業的心思，那就找到一位「知我者」跟著他好好的奮鬥，好好的作一位「聽命將」。在許多企業集團內都有優秀的「聽命將」，就個人的頭腦而言，他們每個人絕對都是聰明的，但是毫無異心的與老闆共同奮鬥一輩子，其人生成就與所賺得的財富也是斐然的。

人際關係的經營以一句話總結就是「與人為善」。每一個人都是會犯錯的，你要如何看待每一個人所犯的錯？犯錯無可厚非，只要知錯能改，你繼續與他往來，那也沒有什麼可議論的，就做人的道理而言，你也可以說是心中存有善念。心中存有善念是人與人交往過程中一個非常重要的因素，有善念其心才有誠信可言，只有誠信地與人交往，你的人際關係才能夠得以拓展。

除了與人為善之外，更要有一種寬廣的胸懷與氣度，這種氣度就是，不要也不會去斤斤計較別人所犯的錯。有句俗語說：「心有多大，你的人生就有多大。」你的心如果有足夠寬廣的胸襟與氣度，那你的人生就是包含有無限大、無限的可能。

寬廣的心也是一種謙卑的心，唯有以謙卑的心與人交往，才不會招人嫉妒，也才會獲得貴人提供的協助。如果你沒有寬廣的胸懷與氣度，是不太可能孕育出謙卑的心，當你沒有一顆謙卑的心，離所謂的成就也將會越來越遠。

婚姻關係中的理財必須先有共識

當一對夫妻走進我的辦公室，我可以在十秒鐘之內判斷出在這家庭之中是誰說了算；即使男主人的社會地位顯赫，但往往在家庭之中說了就算的不一定是男主人。

在婚姻關係中，不論你們家是誰在主導管錢的事，理財是必須有共識的，因為要共同承擔風險或享受成果。常常看到夫妻其中一方執意進場交易股票，還融資或融券，最終賠錢出場，搞到要賣房子，那不也是整個家庭在受苦嗎？管錢或理財並不是誰強就誰說話決定。

我有一位當兵的同梯，某一天在街上偶遇，我問他在忙什麼？他說是「專業玩股票」，我好奇他玩多大？他說：「每個月的交易額大約二十億，是券商的ＶＩＰ客戶。」他還說：「但是因為我玩太兇，老婆已經生氣帶女兒回娘家住半年了。」我再問他有多少資金？同梯回答：「約一千五百萬。」我心想，就這一點資本額敢玩融資玩到二十億的交易量，我的專業告訴我，同梯的命運就是死路一條。半年後，再次在一個餐廳碰到他，已經轉變身分為一位廚師。我問他不玩股票了嗎？他回答說：「林北賠了五千多萬，老爸都賣田來賠啦，老婆已經不想理我了。」

這是又何必呢？要理好財之前，先掂掂自己的斤兩吧！千萬不要搞到家破人亡。算好可以承擔的風險，在有共識之下才可以適度的投入。有共識之下，不論輸贏賺賠都不可以抱怨，夫妻本是同林鳥，投資盈虧不要怨天尤人。

有對夫妻朋友在科技公司任職，薪水收入十分豐厚。兩人雖然是夫妻，對於風險的認知完全不同，老公偏好「長期投資」，老婆偏好「短進短出」，為了避免吵架，他們的投資就採取「各投各的」方式，各自承擔風險，這也算是一種共識。

小資的智慧

・小資們，要懂得「錢」。對於錢要坦然面對，正面對決。
・小資們，不必談到「錢」就感到斯文掃地，不必有「談錢傷感情」的想法。
・小資們，財富只是勤奮工作的副產品。
・小資們，借力使力，用錢賺錢，但是千萬不要成為「被借」的那個。
・小資們，理債比理財更加重要，理好財之前一定要先理好債。
・小資們，不必羨慕有錢人的孩子，因為他們往往沒有自由選擇的人生。
・小資們，在花錢之前，先想想「必要，需要，想要」。
・小資們，要翻身就要多讀書，多吸收新知識，要靠腦袋賺錢，靠錢賺錢。
・小資們，只要努力的增加「主動收入」就有機會增加「被動收入」。
・小資們，「被動收入」增加到使生活無虞時，就可以放棄「主動收入」了。

第二堂

在存錢與理財之前，先會記流水帳

搞清楚錢是怎麼賺的，怎麼花的

要成為一個有錢人，誠如前面所說「小富由勤，大富由儉」，就必須讓自己開銷的部分盡量減低，盡量多存錢，使得所結餘的數目盡量變大再變大。也就是說，透過會計上借與貸的運作，小資們必須知道錢是怎麼賺進來的，是怎麼花出去的。

花錢是很正常的，賺錢就是為了花錢，但是錢千萬不要花得莫名其妙，花得毫無理由。要想存錢就要有花錢的計畫，就要理性的花錢。

會記流水帳是會花錢與不會花錢的基礎，也是理財的第一步。會花錢與不會花錢將帶給你兩種不同的生活，會花錢還不是重點，重點在於，剩下的結餘款究竟作什麼去了？

小資們，記帳有記清楚嗎？

小資們，要算計自己的口袋，所要算計的正是這兩個科目：

花出去的錢，究竟是怎麼花的？

存下來的錢，又究竟是怎麼存的？

記帳要有樂趣

記帳是一個最基本、最簡單的會計學規則，有很多人知道它，但很少有小資願意在生活中真正的去實踐它，願意如此鉅細無遺的記帳。賺了什麼錢？花了什麼錢？存了多少錢？統統不清楚！有這種心態與如此糊塗的小資們，怎麼可能會存得到錢呢？如此糊塗的小資們就算能存到了錢，也極可能糊里糊塗的賠掉了。

要存錢的第一步，就是要記帳。

記帳真的是毫無樂趣，是十分無聊與辛苦的，然而，越是無聊也越顯出記帳的可貴。如果你真的能踏實的每一個月記帳，記下從哪裡賺了多少錢、如何花銷它們的，那麼你就能很容易的計算出你可以怎麼存錢。

台灣有句諺語說：「一個錢打了二十四個結。」這句話的意思就是，在花每一分錢的時候，都必須想二十四遍，每想一遍才能打開一個結，認真考慮二十四遍之後，還是覺得是必須的開銷，那說明這筆錢的花費肯定是值得與必要的。

在我認識的所謂「有錢人」之中，「一個錢打二十四個結」的人不在少數，有的人甚至會打四十八個、九十六個結，坦白講，就是一個字：「摳」。「摳」，不是個壞字眼，只是表示節省、節儉。我曾經多次應邀至不同的億萬富豪家中吃飯，他們就是簡單的三菜一湯，沒有鮑魚，沒有魚翅，只有家常菜，億萬富豪的居家生活就是節儉而已，況且身體也受不了每天大魚大肉的。

還是回到那句古訓：「小富由勤，大富由儉。」小富沒什麼了不起，大富卻不那麼容易做到，必須要由節儉開始。

記帳是要成為大富的第一步，在努力工作之外，也必須努力記帳。記帳是很無聊的，需要一份強烈的毅力，但是，小資們可以讓它成為一項有樂趣的工作。記帳的樂趣在於你能看到自己辛苦和努力的成果，你得到上司的嘉獎、得到客戶的認可，都可能反映在收入的增加上面。賺的錢變多，並不意味著你擁有的錢就多了，如果把賺的錢花光，錢還是跑到別人的口袋裡，只有存下來的錢才真正是屬於你的，這就是台灣有句諺語說的：「賺到的錢不是你的錢；存到的錢才是。」

著手記帳的同時也實踐「小富由勤，大富由儉」的訓言，你會看到自己存款的增加如同樹木的年輪一樣，一年一年擴張。因為能看到存款金額的不斷增加，可以預期這個月、下個月能存多少，這半年、這一年能存多少，三年、五年甚至十年後存款會變為多少，你也許計畫要買新房、要送孩子去深造，那麼這些不斷積累下來的存款就能夠幫你實現計畫。存款讓你看到未來的希望，當你看到未來的希望，相信記帳對你來說，就不是一項無聊的工作，而是充滿樂趣與盼望的。

存錢與理財計畫失敗的原因

講到存錢與理財，不能漫無目的只是口頭上說說，必須設立一個很明確的存錢目標，以數字來具體的量化，然後把這「明確的存錢目標」分散到每一個期間之中，每個月要存多少錢，每週要存多少錢，每一天要存多少錢。這個明確的存錢目標不要太過於膨脹或吹牛，必須是可以做得到的，必須是有意義的。為了鼓勵自己達到這個具體的存錢目標，你可以給自己額外的獎勵。

不是每一個人的存錢計畫都會成功，如果每一個人都會成功，那麼每一個人都將是有錢人，都將成為一個富翁，這顯然與事實情況不符。大部分的存錢計畫都是失敗的，為什麼呢？根據觀察，主要原因有下列幾個：

第一，存錢的目標太大。存錢所設定的目標遠遠超過能力所及，使得整個計畫不太可能完成，就非常容易半途而廢。家庭年收入明明只有新台幣一百萬，卻設定一年內要存到一百萬，那豈不是一整年都要不吃不喝的把所有收入存起來？這是不可能達到的事。遠遠超過能力所及範圍的目標，或許剛開始還能做到，但是終究會因為後繼無力而必須放棄。

通常在設定存款目標時，是以扣除開銷之後的金額為基準，這個基準會是你可以作得到的目標範圍。可以設定一個較大的存錢目標，但是要再細分成每個月存多少，甚至於每週要存多少的小目標。隨著時間的過往，存錢的小目標逐次完成，也就可以完成存錢的大目標了。

第二，沒有一個明確的數字計畫。沒有每一天要存多少、每一週要存多少、每一個月要存多少的明確數字規畫，也就是說，沒有明確的目標管理。有明確的數字才能有精準的管理，才能有精準的花錢計畫，才能有檢討措施，也才能知道如何堅決的執行下去。

第三，沒有確實執行「釐清何謂想要、需要、必要」的花費原則。你可能錢賺得很多，但如果只是「想要」就去買，就會花掉大部分的收入，這對於存錢計畫是沒有幫助的。必須把自己的欲望與開銷控制在「必要」的階段，唯有必要的狀況、必要的東西才去花費，那麼你的存錢計畫是不太可能失敗的。

這三個原因看起來非常簡單，甚至只是常識，但是卻有那麼多人無法作到，又是為什麼呢？缺乏恆心與毅力去執行存錢計畫是大部分的人所面臨的問題。要去實現存錢計畫，意味著必須減少你的生活開銷，甚至稍微的降低生活水準，剛開始幾個月可能沒有問題，但隨著時間過去，你會想著「人生何必如此辛苦呢？」而稍稍放縱一下，自此之後，你就會忘了自己所設定的存錢計畫，「下次再說」將永遠是藉口。

幸福方程式：大錢要記，小錢要管

要提醒各位小資們，記帳有個小技巧，就是太細的帳不要記。什麼叫做太細的帳呢？譬如你今天吃一個麵包三十元、午餐八十元、坐公車十五元等等，諸如此類的小帳，你無需一一的記錄，可以通過建立「零用金」的科目來進行管理。日常生活開銷的零用金，像是坐車、吃飯、娛樂等費用，估計一下，以你的所得，要花多少錢去維持這些開銷，也許是一萬、也許是五千，因個人需求而異；這筆維持你生活、工作所必須用的錢，就可以用零用金的方式來管理。

除了零用金外，大部分的錢是不會動用的，但三不五時會遇到如喜事、喪事要包紅白包等這類沒有預期的開銷，對於這類開銷要作為單門科目來記帳，不能把這類開銷併入零用金科目。

管零用金有個技巧，每個月先扣除必要的開銷如房租等等，而後金額再平均分成四週，每週只能使用當週額度；這樣你會隨時知道手上的零用金還有多少餘額可用，如此就不容易超支。

零用金科目是個投機取巧的記帳方式，它最大的優點是能免去每日記帳的繁瑣與困擾。零用金的使用不可以過於寬鬆，否則將是一個毫無意義的管理方式。這就是「小錢要管」的技巧。

三種家庭必備的財務報表

在會計學裡，有三個非常重要的報表與家庭管理資金進進出出的情況有直接相關。

第一個是資產負債表。

「資產」等於「負債」加上「股東權益」。「資產」也就是你的收入，可以讓你手上的錢增加的那些項目。「負債」就是你所花費的或所欠的錢；「股東權益」是正式會計報表中非常重要的一項，代表著這個公司的股東所擁有的權益是多少，其股東的組成架構是如何。

就家庭的資產負債表來說，會稍微有些不同，「資產」等於「負債」加上「夫妻的權利」。在這個家到底是誰說了算？誰在主導這個家的收入與支出？這個家最後存下來的錢在誰的手上？存在誰的名下？每次有重大決定或購買大筆開銷，譬如買車、買房、買大件貴重商品的時候，是誰說了算？這就是所謂的夫妻的權利。

懂得算計的小資們，不但要知道如何算計你的資產與負債，更要知道如何的算計「夫妻的權利」關係。因為，從「夫妻的權利」關係可以推衍出「夫妻的權力」關係，也就是說，在這個家「誰說了算」的權力架構關係。

一般在求婚的時候，都會說「讓我們『共同的』來組成家庭，為我們美好的未來『共同的』

奮鬥」，奇怪的是，結婚以後，夫妻的權力與權利往往不是「共同的」平均承擔、分享或執行，常常出現女人聽從男人的局面，雖然女人所賺的錢也不少。

以往許多男人認為「聽話的女人最賢淑」，女人也因為傳統父權社會的教育影響，自然而然的把「權利」與「權力」都交給了男人，不懂得去算計。新世代的小資們，不要犯相同的錯誤。

一般的會計報表裡，因為資產等於負債加上股東權益，所以資產一定會大於負債，在家庭的財務報表中，有時候資產會小於負債，原因就在於借貸。假設你買了一棟房子，可是需要借貸一大筆錢來擁有它，這時你的資產有可能小於你的負債；在目前的社會環境下，年輕人或新婚夫妻要買個小窩，這種情況似乎是不可避免的，但如果年事已高，就要盡量不要讓這樣的情況發生。

你必須讓所擁有的資產大於你所擁有的負債，而資產跟負債之間的差異，就是夫妻兩人間的權力分配。管理資產負債表有一個非常重要的事情是，剩下來的結餘款是放在誰的名下？是由一個夫妻共同聯名的帳戶處理？還是分開處理各管各的？這種資產的管理沒有怎樣是一定對一定錯、一定好一定不好的，重點是要兩個人都可以接受如此的作法。

家庭的資產管理模式就是一個家庭中權利與權力運作的結果，誰賺的錢最多，誰就最有可能是講話與做決定的那一方。話雖如此，就算你不是做決定的那一方，也不能搞不清家裡的經濟狀態，有許多人連自己有幾個銀行帳戶都弄不清楚，請問你連自己的銀行帳戶都懶得管理，那要如何去管理自己的錢？連自己的錢都管理不好，你又如何去管理一個家庭的錢？所以每個人都必須先從記帳開始著手，讓自己熟知所有金錢的來龍去脈，這樣才有辦法取得「權利與權力的主導權」，這樣才有辦法為自己算計。

第二個是資金流量表。

在會計學的收支平衡表中，可以很清楚地看到錢是從哪裡來，又是花到哪裡去的資金流量軌跡，一定要想方設法控制流入要大於流出，使之為正數。「正數」代表著整個家庭是會有結餘的，是會存下錢的。如果花費大於收入，那麼你的花費是不是應當？是不是適量？是不是必要？

資金的流入量要大於流出量，用通俗的話來說就是「開源節流」。開源就是你必須運用專業訓練、人際關係、勞力或腦力，來賺取更多金錢；這是一個積極的開拓賺錢途徑與方式的做法。

相對於開源，節流是一個消極性的做法，不是思想上的消極，而是做法上的消極。只有一種方式能節流，就是控制你的欲望，控制你想要買東西的欲望，必須要分清楚「想要買」和「必須買」這兩個概念，你想要買的東西可能非常多，每件可能都非常高價，但是你必須買的東西可能只有兩、三個而已。譬如說包包，你只是需要一個包包來帶東西而已，便宜的可能只要幾百塊，但是如果你想要的是那種名牌包包，一個可能是好幾十萬甚至是上百萬，那麼，在花這筆錢的時候，你到底是想要它而去買，還是必須要它而去買？

這兩個邏輯上的差異，就是節流是否成功的重點。節流最簡單的方法，就是必須從你自己的思想和思考上面，控制最原始的欲望，這欲望包括享樂與占有。

第三是家庭損益表。

一個家庭就像一個公司一樣，收入不是只有單單的銷售商品而已，可能還有其他的收入以及非預期的開銷。在會計上，損益表的目的就是讓記帳的人知道，在這一段期間裡，收入與支出的情況到底是如何；這個期間可能是一個月、半年或者一年，千萬不要超過一年以上才去記一次帳，最好一個月記一次，如果做不到，那麼至少三個月一次。

從這個損益表可以看到，你的固定收入加上可能會有的意外的投資收入，是不是足夠讓你支撐所有的生活開銷，如果不是，那麼就已經陷入一個入不敷出的生活絕境裡。入不敷出是一件非常嚴重的事情，表示你所賺的錢不足以支付你想要買的東西。一旦進到入不敷出的生活狀態，可能就會陷入一個惡性循環的夢魘，因為你的欲望是無法制止的。

我觀察到很多家庭入不敷出的關鍵原因在於想要買的東西太多，而其中幾乎沒有是必須買的，可能為了面子或是一個很虛化無度的欲望而花掉錢，這都是沒有必要的。要知道，金錢就是一個物質不滅原理，你今天有錢，花掉它沒關係；你今天沒有錢，卻已經花掉它，這代表在未來的日子裡，需要花更大的代價來償還，這個代價有可能會是幾倍於原來借貸的金額。這是小資們必須小心注意應對的，有智慧的小資們，一定要妥善掌管家庭損益表，使之永遠為「正數」。

財務規畫的三分之一管錢技巧

凡有關錢的事，我們都要先留三分力，也就是說，每賺到十塊錢要先想方設法的留三塊錢下來，剩餘的七塊錢為了生活或自身需求而花掉，留下來的三塊錢就是要強迫自己存下來的。

同樣的道理，當你做任何投資時，絕不可以一次把所有的身家財產賭上去，再怎麼大的自信、再怎麼好的投資機會，都要先留三分力，免得萬一失敗而虧損，最後連償債的能力都沒了。如果最壞的情況發生，而沒有先留下的三分力，請問，此時的人生還能如何重新開始呢？這就是「有關於錢的事要先留三分力」的原因。

進一步衍生，個人或家庭的財務規畫與預算的安排，就可運用這個「三分之一」的管錢技巧進行「三三三分配法」，也就是將所有的收入劃分為三個三分之一。

第一個三分之一的金額是用來支付日常生活所需，這部分的銀行帳戶可以當作「零用金」的帳戶來管理。

第二個三分之一的金額是用來支付房屋貸款。

第三個三分之一的金額是用來作定存、投資或其他應急的事。這部分的錢要放在另一個銀行帳戶內，特別獨立出一個帳戶的原因在於方便你能夠自我節制，控制花錢。

這「三三三」的分配比例可以視收入與開銷的類別及金額而有所調整，譬如因為房貸略高一些，那這三項在整體收入的占比成數就可調整為「三四三」或「三五二」。若這樣分配所得之後，尚且無法應付每月房貸的金額，那顯然是你的房屋貸款過重，或你的薪資收入明顯不足，想辦法增加收入是最直接的作法，但若房貸支出超過收入的五成，那生活可能會出問題。

用這個家庭收入比例來衡量貸款的另一層含義是，你不會因為貸款太高太多而成為「房奴」。人的一生不會只買一棟房子，你貸款買了一棟房子，拚個七、八年還清分期付款，真正擁有房子之後，可以再考慮換一棟更大、更好的新房，這也是人生的一種樂趣。千萬不要一下子被貸款壓到喘不過氣，真的沒有必要如此。

非常建議小資們組成家庭的時候就開始買房，若是安排的妥當，每個月有大約三分之一的錢去繳納房屋貸款，身邊餘錢不多會讓你覺得手頭緊，這種感覺會激發你工作更加賣力，賺取更多的金錢，想方設法去增加收入，這對你來說是有好處的。

有壓力才有動力，但不要被壓力壓死了。衡量自己的家庭收入，買適當的房子，辦理適合自己的房屋貸款。

管好家裡的錢，要先懂得如何報稅

想要管好家裡的錢，懂得怎麼報稅是很重要的。

很多小資不願意去瞭解報稅的流程，只是因為覺得報稅的手續繁瑣，需要蒐集很多單據，必須在規定的時間內把報稅的資料送出，還要完成稅款的繳納。

但一個懂得算計金錢的小資，就必須懂得幫家庭報稅。因為，唯有在報稅過程中，整個家庭的成員在哪家銀行有什麼戶頭、在哪家證券公司有什麼樣的股票、債券，金額是多少？在哪裡有房產、房貸利息有多少？整個資產的來龍去脈都會攤開，完整地呈現在稅單上，你說，除了報稅，哪裡還有這麼容易就掌握到一個家庭資產年度總結的好方法？

前面說過，要成為一個懂得算計的小資，第一步就是要懂得記帳；如果你真的那麼懶，連記帳都嫌煩，那麼，至少這一年一次，自告奮勇的幫家庭報稅吧。

小資們，要掌握老公的錢，就一定要幫老公報稅。

家庭收支與分類

記帳的第一步就是要記錄流水帳。

流水帳很簡單，只要每月一日起，以「天」為單位記錄下你所花費的錢的去向，撥給零用金的錢是多少，每天非屬於零用金的花銷是多少。

記帳之外，重點要注意單據的勾銷。例如，小孩告訴你，他要繳補習班的費用兩萬元，沒問題，小孩有心認真學習絕對是好事，但是，要讓他把單據拿回來核對，以免他趁機多報銷你卻不知道。老公要買車，只要家裡能負擔得起而且有需要，沒有關係，不過，要記錄並核實這筆錢的實際開銷，不要傻乎乎的買了輛一百萬元的車子，卻被老公報銷為一百二十萬元，白白的把二十萬元送給老公當私房錢。

所以，記帳的第一步，除了會記流水帳外，還要學會如何利用單據來勾銷。如果你覺得報銷單據很麻煩，不妨利用信用卡幫另一半付帳，就能掌握住金錢的開銷。要注意的是，不要笨笨的拿自己的錢去幫另一半付帳，有智慧的小資們應該是拿另一半的錢去幫他／她付帳，表面看來是你買單，實際上花的還是他／她的錢，你不過是充當一下「過水橋」而已，何樂而不為呢？

如果你只是簡單的記錄流水帳，是無法真正掌握錢是如何賺取、如何開銷的，解決這個問題的辦法是，你應該幫家庭的收入與開銷建立重要的會計科目。比如，以三位數來編列，第一位數中，「1」代表收入，資產的增加；「2」代表支出，資產的減少。第二位數中，「1」代表老公，「2」代表老婆，「3」代表孩子大寶。第三位數分別代表的內容可以由你根據自己家庭的情況來具體設立。

本堂課後的附表是我家的會計科目，你可以參考一下，看看這三十年來是如何記帳的。如果不曉得怎麼建立自己的家庭會計科目，也可以按照附表依葫蘆畫瓢，久而久之就會了。

記帳不用記得太細，但是記帳可以告訴你的是，某年某月某日包了多少結婚禮金給哪位朋友、某年某月某日老公花了多少錢買了一台新電腦、某年某月某日長輩壽辰買了多少錢的祝壽禮品等等，這裡都有一筆帳可以看得到的。

如果你工作非常忙碌，實在抽不出時間來記錄詳細帳目，告訴你一個好辦法，就是在銀行開立幾個「不同目的」的存款戶。一個是薪資帳戶，用來控制所有的薪資入帳與收入，可以用來記載你大筆的、不常動用的錢的數目。另一個是零用金帳戶，裡面的錢用來扣除水電、瓦斯、電話費等等，也就是柴米油鹽醬醋茶的所有日常生活開銷，包含信用卡費用。如果錢多了，可以有第三個帳戶，用來投資與定存。

在消費時避免使用現金，多使用信用卡，不過這個前提是，你口袋裡有多少錢才可以刷多少錢，而不是利用信用卡去貸款或融資來支付你的消費支出，那可是需要支付一八％至一九％利息的，任何人都犯不著去支付如此高的利息給銀行。記住！你只是利用信用卡來取代現金的支付而已，銀行每個月都會寄給你詳列著每筆刷卡金額的對帳單，經由這個對帳單可以減輕你記帳的工作量。

這種存款帳戶要開在哪家銀行呢？如果你是領薪水的上班族，就開在自己薪水轉入帳戶的銀行即可，不必要去浪費轉帳時的手續費。

通過這些不同目的、不同功能的銀行帳戶及存款簿，你可以瞭解自己的錢是如何進來的又是如何出去的，準確把握每筆帳的來龍去脈，這種方式稱為「懶人的記帳法」。

附表一　專業型的會計記帳

日期：　年　月

流動性收入分類	項目	金額	資產性收入分類	項目	金額
110	老公 -YYY		301	資產收回 - 定存	
120	老婆 -YYY		302	資產收回 - 外幣	
103	利息收入		303	資產收回 - 基金	
104	股息收入		304	資產收回 - 借人	
105	房租收入 -1		305	資產收回 - 股市	
106	房租收入 -2		306	資產收回 - 會仔	
107	房租收入 -3				
108	投資獲利		307	負債增加	
111			349	資產負債 - 其他	
149	其他收入		300	過渡科目	
	小 計：(收入)			小 計	
流動性支出分類	**項目**	**金額**	**資產性支出分類**	**項目**	**金額**
210	老公生活 - 日常吃用		401	資產性 - 定存	
220	老婆生活 - 日常吃用 (食物 + 日用品)		402	資產性 - 外幣	
203	房子維修		403	資產性 - 基金	
204	保險 (人 + 車)		404	資產性 - 借人	
205	稅款 (退稅)		405	資產性 - 股市	
236	教育 (小孩)		406	資產性 - 會仔	
207	出國支出		407	資產性 - 持股獎助	
208	投資虧損		408	負債減少	
200	生活 - 固定支出 (電話、TV、美容)		409	資產負債 - 其他	
	一般支出 - 小計		400	過渡科目	
245	其他支出 - 捐款 (寺廟、年節紅包)			小 計	
246	其他支出 - 大支出 (家具、衣、電腦)				
248	其他支出 - 交際 (外食、送禮、旅遊)				
249	其他支出 - 其他				
	其他支出 - 小計				
	流動性收支餘額			資產性收支餘額	
	總收支餘額				

附表二　簡易型的會計記帳

日期：　年　月

分類項目	金額	備註
收入		
老公 -YYY		
老婆 -YYY		
利息收入		
股息收入		
房租收入 -1		
房租收入 -2		
房租收入 -3		
投資獲利		
其他收入		
收入小計		
必要支出		
老公生活 - 日常吃用		
老婆生活 - 日常吃用		
房子維修		
保險 (人 + 車)		
稅款		
教育 (小孩)		
投資虧損		
生活 - 固定支出（電話、美容)		
必要支出 - 小計		
非必要支出		
其他支出 - 捐款		
其他支出 - 大筆支出		
其他支出 - 交際		
其他支出 - 其他		
其他支出 - 小計		
非必要支出 - 小計		
總收支餘額		

小資的智慧

- 小資們，要知道花出去的錢究竟是怎麼花的？存下來的錢又究竟是怎麼存的？
- 小資們，賺到的錢不是你的錢，存到的錢才是。
- 小資們，要讓記帳成為一項有樂趣的工作。
- 小資們，要有辦法取得家庭中的「權利與權力的主導權」。
- 小資們，凡有關錢的事，我們都要先留三分力。
- 小資們，要衡量收入買適當的房子；有壓力才有動力，但不要被壓力壓死了。
- 小資們，要管好家庭的錢，要先懂得如何報稅。

第三堂

存錢與理財的真諦

存錢的真諦在於「節儉」與「不浪費」

理財是人生必修的功課！人只要一生下來，就與「理財」這課題脫離不了關係，因為人的一生是伴隨著金錢的運行，人生不理財，就會沒錢，就會一輩子注定渾渾噩噩的過日子；人生會理財，一旦實現了「財富自由」，無限的天空與海洋隨你縱橫。

會理財，才有機會完成人生目標與夢想。要實踐任何的人生目標與夢想都需要金錢的支持，不然就是「空想」，就是「一場夢」。單單只有「主動收入」是不夠的，要想辦法增加「被動收入」，那就必須要會理財。

會理財，人生才有選擇幸福的自由。人生之所以可貴，在於有選擇的自由，單單只是要做選擇，那還算容易，但是要一切稱你的心，一切如你的意，那就不是一件容易的事了，那是要金錢在背後支撐著。

為了完成人生目標與夢想以及擁有選擇的自由，理財不但是人生必修的功課，而且要越早開始越好。

成功的理財是講求「紀律」的。以記帳這件事來說，要持之以恆十分困難，時時刻刻總是有奇奇怪怪的理由不想去碰它，內心需要十分堅定的紀律才能持續下去。講到「主動收入」，那更是個「磨心石」，內心縱使有千百個不願意，你每天還是要出門工作，否則如何有收入過日子呢？就算有了「被動收入」，還是時時刻刻要小心應對，恪遵有紀律的投資，以防陰溝裡翻船。

運用教育方式，從小就建立起管錢與理財的「財商」，是避免人生繞路的唯一方式。小資們，只要有開始，堅持下去就會成功。

要成為一個小小的有錢人，只要你勤奮的努力工作，相信不是一個難以達到的目標。但是，要成為一個真正的富豪、真正的有錢人，你就必須從「儉」著手，在日常生活中，有必要的時候才花錢，只花必要的錢。

以前在新加坡工作的時候，曾經應一位非常富有的人邀請，到他的私人遊艇俱樂部吃飯。那一晚餐點的最後一道是一個非常棒的海鮮火鍋，當大家吃飽喝足結帳的時候，這位主人要求把海鮮火鍋的湯底打包帶回家，我心想，經過這十幾二十人吃一吃之後，這個海鮮火鍋的湯底真的是只剩下湯而已，實在已經沒有什麼好料，可是這位非常有名的新加坡富豪，竟然要求侍者把這鍋湯打包，不但如此，桌面上有一些沒有吃完的食物，他也要求一起打包回家。

我心裡納悶，忍不住問他：「這些打包回家是給家裡的狗吃嗎？」他回答我說：「狗哪裡有吃這麼好的東西？這些是我明天早上煮稀飯用的，我自己吃。」要知道，他擁有的超級跑車就有三、四部，他的企業很有名也非常大，社會名聲很好，是新加坡的士紳，根本不需要打包剩下的菜餚回家，可是這位大老闆卻如此做，只因為節儉的生活習慣。

我認識的另外一位富豪在請吃飯時有一個規矩，哪怕是貴得半死的珍饈料理，大家想點就盡量點，能吃就盡量吃，以公克計價的日本A5級和牛硬是吃成以公斤算，吃到你吞不下去，吃到你反胃；日本的活四頭鮑魚絕對是一個人一顆，不必搶；阿拉斯加帝王蟹一隻重五到八公斤，讓你無止境吃到飽，只怕吃完之後的一整個星期全身都會是帝王蟹的味道。但是，誰點了什麼就是一定要把那樣東西全部吃光才能走。

不管他請任何人都是這樣的規矩，若是真的吃不完，可以打包帶走，也可以請別人幫忙代打，不過要罰錢；往往最後都是大家幫忙分著吃完所有的東西。

這就是不浪費的精神。

想想，自己是不是也太浪費了一點？

想想，自己是不是因為不夠節省所以還沒有成為富豪？

養成好的生活習慣比任何東西都重要，時常要想想，什麼是「想要」的？什麼是「需要」的？什麼是「必要」的？

「想要」就是你心中的欲望，你希望達到的夢想，你所想要擁有的東西。這個東西可能不是你可以買得起的，可是你想要擁有它。「想要」的欲望對於人類文明的發展是極為重要的，為了滿足人的需求驅使人類不斷的創新，但是，對於荷包是不利的。

「需要」就是你需要有這個東西，而且少有其他東西可以取而代之，若沒有這個東西，你的生活可能受到極大的影響，但卻不會因此而難以存活或影響目標的達成。

「必要」就是你必須有這個東西才能進行某些事務，這個東西是唯一的，獨一無二的，沒有其他東西可以取而代之，如果沒有這個東西，你可能難以存活或達成目標。

在花錢時，若你只想到「想要」的東西，那麼你的花費將會非常龐大，因為你的欲望是無窮的。把欲望限制在「需要」的話，你的花費就會變得非常的少。大部分小資們在討論到存錢的時候只會討論到「想要」與「需要」的層面，「想要」與「需要」是不能夠對抗你的欲望的，「必要」才是更重要的思考，要真正成為一個有錢的人，絕對是以「必要」為思考的重點。

很多情況之下，就連所謂的「需要」也是很浪費的一件事情，所以你可以試圖從需要的欲望裡面，挑選出什麼是「必要」，只有必要的東西才花錢去購買它。

用「搭車」來舉例。你要搭車到某個地點，可是你有必要搭計程車嗎？如果有捷運、公車等公共交通工具可以乘坐到達目的地，就可以滿足你搭車的需求，搭計程車就顯然不是必要的。公共交通工具與計程車的差別就是「必要」與「需要」。

如果對花費的邏輯思考可以鎖定在「必要」上面打轉的話，相信就不太會浪費金錢了。有句台灣諺語「一個錢打二十四個結」，意思就是要人在花費的時候多想一想，在每花一塊錢之前，請在腦袋裡把這三個問題轉三圈：「這是我想要的嗎？」如果答案是「是」，請再繼續問自己：「這是我所需要的嗎？」如果答案還是「是」，別著急，這還不是你花這筆錢的理由，請再問自己：「這是我必要花的錢嗎？」如果答案仍是「是」，那麼你可以出手了。

也就是說，當你有購物的衝動時，請先用這三個問題作為三道關卡，三個答案都是「是」，顯然這筆錢的花費是必須的，那就表示你非得花這筆錢了。

經濟學的第一章就說了：在有限的資源下，人的欲望是無窮的。如何在有限的資源下滿足無窮的欲望？那是分配與選擇的問題；如何作「最有效率」或「邊際效用最大」的選擇，就是經濟學的問題。

表面上，管錢不是什麼大不了的事，就是記記帳或是茶米油鹽的事而已嘛。事實上，不論管錢或理財都是一門大學問，許多人一輩子的生活是困苦的，就是錢沒管好，錢沒管好，那就沒有「理財」可言了。

以前年代的媽媽們，要張羅一家大小的吃喝與所有的用度，都會學著自己擀麵條、包餃子等，為的就是省錢。

要理財，必須先要有錢，不然理個鬼呀！

要有錢存下來可理，就要先能省錢，不然錢從哪裡來？

要省錢，就要會過日子、過生活，不是大魚大肉的才是過生活，節度過日才是真正的生活。

簡單的說，要理財之前，要先理好生活。也可以換句話說，理財不是什麼特立獨行或多了不起的事，就只是生活中的一部分而已，理好你的生活，也就可以理好財了。

有資產之後，才有真正的人生

許多人老是說「提到錢就俗了」，還有「談錢傷感情」，以顯得自己是多麼的高尚，多麼注重感情。人不高尚是因為錢嗎？有錢就不會高尚嗎？真實人生不是這樣的。

對於錢，千萬不要有莫名的「迂腐斯文人的衿持」，就是那種「想吃又不好意思」的心態。對於錢，要真心說「愛你喔」，要為所愛去奮鬥。

錢是上帝的天使，是上帝的光，在在處處照耀與引領你的生活。

人生當然會有理想、有願望，要實現理想與願望卻是需要錢的。人是英雄，錢是膽；好漢無錢，到處難。光有見解與理想而沒有錢的人，基本上不能成為英雄好漢，錢雖然不是萬能，但是沒錢卻是萬萬不能。很庸俗吧？是的，俗透了！但是現實就是如此。想在人前當英雄，需要錢當靠背，所謂「英雄沒錢是廢人」，不然也不會說「一文錢急死英雄好漢」了。

要有錢，絕不是眼睛一矇，雙手努力的工作再工作而已。要有錢，除了努力賺錢之外，更要懂得如何管錢，如何存錢，如何運用「時間的幾何倍數法」來累積資產。有錢有資產當靠背，換取你的時間自由與思想自由，才有選擇幸福的自由。有錢有資產當靠背，夢想才能實踐，才能因此而飛揚人生。小資們，要當英雄之前，請先努力去賺夠了錢，存足了錢。

會賺錢不是能耐，會存錢才是真功夫

有次一位富豪請我去家裡吃飯，他老婆手上戴著千萬鑽戒親自下廚，端上桌的是再普通不過的「炸醬麵」與「蛋花湯」，富豪過生活真的不是餐餐都是人魚大肉啊，只不過這炸醬是米其林三星主廚親自去他家裡教他老婆做的。

千萬不要以為億萬富翁只會花錢而已，億萬富翁賺的錢與存的錢一定比他所花的錢還多，而且這些億萬富翁在花錢的時候，並非單單只是想滿足一時的欲望而已，而是想盡辦法在把每一塊錢花掉的同時，創造出下一個賺錢的機會，也就是在為賺錢的機會「布局」。富翁的存錢方式也不會是只存在銀行，而是大部分存在運用「時間幾何倍數法」的金融市場上，這樣存下來的錢才能真正的以倍數成長。

只有非常少數富翁的財富是靠繼承而來的。身價破千億美金的微軟創辦人比爾蓋茲曾經表示，只會留一千萬美金給下一代，對這種等級的富豪而言，留這金額等於沒留。為何如此？因為他們不希望下一代失去賺錢的動力與能力。

賺錢是重要的，但是存不了錢又有何用呢？會賺錢，會開源，只是管好錢與理好財的第一步，要會存錢，會節流才是真正的可以管好錢與理好財。

賺錢多寡是一個人的能力，存錢多寡是一個人的自制力。能力強的人不一定會成為有錢人，自制力強的人成為有錢人的機會很大。

有位朋友的年薪超過八百萬新台幣，卻幾乎沒什麼存款，他說自己重視生活格調與品質，喜歡收藏藝術品，每次存到一些錢，就會很巧的剛好看上哪件藝術品，然後心癢癢的、手癢癢的，錢當然又不見了。這朋友連一間房子都沒有買，這些藝術品也沒有個適當擺放和收藏的地方，真不知道他腦袋裡是怎麼取捨的。

生活需要滋養，那是要代價的。生活要有品味，那是要花很多錢的。品味的代價比你想像的要高。

你選擇的另一半也是存錢的重要關鍵！

幾年前，有位朋友被相戀五年的女朋友給甩了，心情極為苦悶的他跑去重慶散心，在那裡結識一位身材高䠷的長髮大眼妹子，一個月後，他們決定結婚。這重慶妹子的生活哲學是「不浪費錢」，每一塊錢都盡可能的用到極致；她不上餐廳吃飯，因為自己煮的比餐廳廚師燒的還棒，哪怕是「官家菜」，也是搞得出來的；這重慶妹子也不愛包包，不愛車，只愛銀行存款單。在賢內助的幫助下，這朋友在不到七年的時間內就付清了房屋貸款。

另外有位朋友與美術老師結婚。學美術當然是有很好的氣質，他們的生活哲學是「生活需要藝術的滋養」，每當寒暑假就會出國參訪各地的美術館與博物館，去巴黎羅浮宮像走自家廚房一樣，每次出國也必定會買一些藝術收藏品回來，雖然是半年才能出國一趟，但是出國一趟就是花掉半年的薪水。婚後十幾年，他們還在為繳房貸所苦，有其他朋友為此叨念他兩句，就被他回說：「你不懂生活品味啦！」你說，這個家要如何存錢呢？

要存到錢，請開一個專門存錢用的銀行帳戶。

當薪水入帳到薪資帳戶之後，立即把錢按「三三三分配法」分開存放。留在薪資帳戶裡的是零用金，是要過日子用的。為了避免一天到晚去提款機提款的麻煩，可以運用「信封袋管理法」，把零用金按用途的不同，分門別類裝進幾個信封袋內，買菜錢一封、孩子教育費一封、交通費一封等等的分類。

第二個帳戶是要當作存錢帳戶的，用來存定存，存放不會立即用到的錢。

若是要做投資，那就必須再開立第三個帳戶作為「投資帳戶」。投資是有風險的，為了控制好投資風險，投資帳戶必須要與存錢帳戶分開，才不會有投資風險失控的情況。

存定存也有技巧。把要存定存的錢分成三份，一份存三個月的，一份存六個月的，一份存一年的，金額大小就視你的需求而定。要存一年的大概就是暫時用不到的錢，如果臨時有需要用錢，可以將三個月的定存解約，這樣就不至於浪費利息。

不論是存多久的天期，如果可以，請選擇「每月提領利息」，這樣做可以讓你每個月有利息收入，重要的是，避免利息收入超過規定而需要被徵收二代健保的補充健保費。為了避免忙碌而忘記要做續存，可以設定為「自動續存」。

有位朋友的生活節儉，為了避免被徵收二代健保補充健保費，也避免搞不清楚每張定存的情況，他的每張定存金額都不相同，就算是同一到期日的也是金額不同，而且常常要把一些大筆金額的定存單拆開來，他總是很忙的在處理這些定存。

很可笑嗎？一點也不！要存錢就是要花心思。小資們，賺錢不容易，能省就省吧！

理財也是理債

債務的管理是生活中極為重要的一部分。

哪個人身上沒有一些貸款的？為了有個房子要付房貸，需要代步工具要付車貸，更慘的是那些學校才剛畢業就背負數十萬學貸的社會新鮮人。不好好的把債務理一理，要如何過日子呢？債務的管理往往比理財更需要提早面對。

有債務不是問題，問題在如何面對？聖嚴法師說：「面對它，接受它，處理它，放下它。」又說：「逃避不能解決問題，只有用智慧把責任擔負起來，才能真正從困擾的問題中獲得解脫。」

面對債務，小資們要這樣做。

第一，承認有債務，誠實面對債務，不必逃避，盡快的採取行動。

第二，整理債務，區分出「好債」、「壞債」與償還的順序。依照債務利息的高低與債務發生的原因來區分是好債還是壞債，壞債就是因一時衝動消費而產生的債務，通常利息會很高的那一種，譬如卡債。好債就是因為買房子、因為念書或因為可賺錢而產生的債務，通常利息不會很高的那一種，也可以說，好債是可以幫你創造財富的債務。償還的順序通常以利息最高的債務先著手，卡債是最壞的債務，若是有卡債，務必要優先償還。

第三，改變消費模式，減少開銷，盡量用現金。既然有債務，就要想辦法改變消費模式，多存錢。為了控制消費，最好不要使用信用卡，只使用現金，現金的消費方式是節流的重要模式。

第四，創造收入。除了節流，開源更是重要，積極的多增加一份收入，就會提早償清債務。

負債本身不是絕對的好或壞，而在於如何運用和管理。無論如何，要控制債務金額在總資產的三分之一以內；不得已，千萬不要超過總資產的二分之一，超過二分之一代表著債務已經超過你的負擔能力範圍。

記住，負債就是一種風險，債務超過負擔能力的風險是你無法想像的。跟地下錢莊借了五萬元，高利貸的利息都已經還了五十萬，所借的本金五萬元還是原封不動的在那裡，可怕吧！

作好債務管理，維持生活品質，盡快償還債務，才是積極的人生。

「適當的債務」可以是一種有效對抗通貨膨脹的工具。所謂「適當的債務」就是在你的負擔能力範圍之內，不得不的必須舉債。

借了一千萬買房子，債務是一個固定金額。通貨膨脹發生後，房子價格上升為一千五百萬，債務還是一千萬，不會因為通貨膨脹發生而增加，你卻再也不能用一千萬的價格買到房子，顯然這一千萬的債務有效的對抗通貨膨脹的負面影響。如果當時沒有借一千萬買房子，通貨膨脹發生後，你要用一千五百萬才能買到。所以說，適當的債務，特別是房貸，是可以對抗通貨膨脹的。

存錢的最大障礙是追求「時尚」

「時尚」是一種很虛幻的東西。在有錢人的眼光中，那是一種身分與社會地位的表彰方式，要把「時尚」的東西堆砌起來，那是要花很多錢的，然而在過季之後，「時尚」猶如廢品，只能堆放在家中櫥櫃，那些錢已然花掉。

「氣質與內涵」更是一種很虛幻的東西，只能感覺，無法言傳。「氣質與內涵」不需要花很多錢堆砌，只要多看書，多思考，那哲學般的、不食人間煙火的「氣質與內涵」自然顯現。

「氣質與內涵」是自然而然的散發於身上，不但沒有「過季」的問題，還會歷久彌堅的持續散發。雖然「佛要金裝，人要衣裝」，但更重要的是你身上的「氣質與內涵」。你看那些出眾的女星，就算是隨便穿一件T恤，顯現出來的氣質與內涵就是與眾不同，那強大的氣場自然而然的顯現，不令人側目都難呀！那些出眾的女星哪需要什麼「時尚」來搭？她們自己就是「時尚」！

不論多麼會賺錢，只要沉溺於「時尚」的庸俗美，大概就存不了什麼錢，因為會去攀比，而有如「中毒」般的一直買。小資們，要活出自己就是「時尚」的樣子。不必在乎衣服與包包要多少錢，但口袋裡面一定要有很多錢。人所在乎的是口袋裡面的錢，不是口袋外面的樣子。

會存錢之後，貧窮不再世襲

幾年前看過一篇報導，大學指考錄取台大的學生裡，來自六都的占總指考名額的八四．五％，其中，台北市占三一％，新北市為二〇％；而來自台北市的學生裡，又大部分集中在大安區與信義區等都市中心區，所謂「天龍國中的天龍國」。

看到這報導，你不禁想問：「教育是公平的嗎？」當然不公平。教育是不公平的競爭。雙北或六都的家庭資產遠遠多於台灣其他的地區，父母親的賺錢途徑與存錢想法也有著極大的差異，因此他們能夠在孩子成長過程中給予更多的資源去競爭，譬如請家教、找好的補習班等等。再說，申請大學入學的過程也是多麼的不公平！有能力的家長可以讓孩子去參加大學舉辦的科學實驗營，而後再請教授幫忙指點指點「學習歷程」檔案；面試時，有實力的家長會先去科系走動走動，拉拉關係。

不必生氣，真實社會就是如此。不管別人如何作，我們自己作好準備才是真的。小資們想把希望放在下一代，那就要存錢讓下一代多讀書，再怎麼地窮，也不能窮孩子的教育。會存錢之後，貧窮就不再世襲。會存錢之後，你的孩子才可能拿到教育資源，才能翻身。

小資的智慧

- 小資們，就是因為錢不夠多，才更需要會理財。
- 小資們，成功的理財是講求「紀律」的。
- 小資們，要實現理想與願望是需要錢的，要當英雄是需要錢的。
- 小資們，讓錢為你工作以換取你的時間自由與思想自由。
- 小資們，會賺錢不是能耐，會存錢才是真功夫。
- 小資們，有債務不是問題，問題在如何面對。
- 小資們，適當的債務，特別是房貸，是可以對抗通貨膨脹的。
- 小資們，不必在乎衣服與包包要多少錢，但口袋裡面一定要有很多錢。

第四堂

保險

保險的真正意義

「保險」所保的不外乎是人生的幾件事，就是疾病、意外、晚年與死亡。

保險是將「單一」的潛在風險損失轉嫁為「集合體」的平均風險損失，也就是把集合體內所有的「單一風險」轉換為「集合體的平均風險」，簡言之，就是「一人有難，大家平均分攤」。

根據保險的基本概念，保險的目的在於轉嫁自己的風險給其他人，並且與其他人共同承擔所有人的風險，所以保險的真正意義在於，避免意外的發生衝擊到自己的人生。在人生的奮鬥過程中，在負擔得起的範圍內，保險是一定要買的，因為要避免人生中的意外來阻擾你完成人生的目標。問題是，保多少才是足夠的？要回答這個問題，你就要先瞭解保險的幾個本質：

保險保大事，不保小事；也就是保大病，不保小病。

保險保意外，不保意料中事；意料中事要自己小心。

保險保未來的不確定性，不保現在確定的事。

從上面的這幾點切入，再去思考自己要如何買保險、買什麼險種、買多少保額、付多少保費、繳費方式等等問題。

重點在於賺取「時間紅利」

保險的運作過程有一個非常重要的「時間紅利」觀念要考慮進去。購買保險的時候，業務會拿出一張「生命表」，上面顯示男性與女性的「平均壽命」歲數，而後根據要購買的險種與被保險人年齡，來計算應繳納的保費，若年紀越輕，就代表離「平均壽命」歲數的時間越長，經過利率的「年金終值」計算後，每年所應繳納的保費就越低。這個差異就是因為生命時間拉長了而產生的「時間紅利」，保險的「時間紅利」在在處處影響著保費與保單價值的計算。

在這觀念之下，年輕的時候，在能負擔範圍內，要買到最多的保額，因為保費會受到時間紅利的影響而便宜很多。

在這觀念之下，幫小孩買人壽保險最划算。在他周歲時就購買一份人壽保險，當他還在念大學期間，已能擁有一份繳完保費的保單；大學畢業後，孩子的奮鬥會比別人輕鬆許多。

「時間紅利」的影響更顯而易見的出現在「年金保險」保單上，「年金保險」保單的年金計算中，就算只晚個一、兩年，每一年的年金支付就會差異很大。

因此，保險是年輕時就必須面對的理財課題。「年輕」就是「時間紅利」的最佳計算因子，在能力範圍許可的情況下，趁年輕的時候就買好保險是必須的。

「保險」是對遺產傳承的一種保護

「人壽保險」是國外的私人銀行服務裡一項很重要的服務規畫。

人生最終會碰到的事，終究還是要面對的，對家屬而言，遺產的稅務處理與繼承就是後事的處理中很重要的一部分。富豪的家屬在面臨巨額的遺產稅時，常常會運用保額龐大的「人壽保險」來支付，就算不能夠完全涵蓋全部遺產稅的稅額，但至少足夠應付其中的一大部分。會如此安排的原因之一以及前提在於，大多數的國家對於保單的賠付款項是免稅的，不列入遺產計算。

在國外的私人銀行服務中有一種繳費年限約三到十年的「終身人壽保險」，這種保險沒有年齡的限制，保單的保額驚人，只要通過不十分嚴格的健康檢查就可以購買。富豪的操作方式通常是如此安排的：首先估算出大約需要支付多少的遺產稅，再購買保額與遺產稅稅額相當的「終身人壽保險」；因為通常年齡不小，身體不是那麼健康，保費不會太低，加上繳費年限只有三到十年而已，所以每年需繳納的保費不少。繳納保費之後，再向保險公司把保費的八〇%至九〇%借出來，這部分需支付利息給保險公司，然後用借出來的保費去購買「投資等級」的公司企業債，這部分會有債券的利息收入。

這個利息收入與所支付利息的差異約在一・五%到二・五%之間，意思是富豪只需支付保費的一．五%到二．五%左右的利息差，就可以持有一份保額十分龐大的人壽保單，當人生終點到來時，能用這筆人壽保險的賠付款來支付遺產稅額。這就是運用終身人壽保險保費的槓桿操作。

為了節稅，許多富豪會將財產交付「信託」。在交付信託之後，名義上雖然財產已經不在富豪的名下，但是通常「信託」還是會用富豪的名義購買巨額的人壽保險，其目的就是在應付可能發生的遺產稅的稅務問題，也就是說，在信託的規畫中，人壽保險的保單是必要的，可見人壽保險保單在財產的傳承上是多麼的重要。

保險是保險，投資是投資，千萬不要混在一起

保險公司在計算「傳統型保單」的保費時，會利用一個「預定利率」來作為計算的基礎。所謂「預定利率」是每一張傳統型保單都有而且是固定的，是用以計算保額、保費、保單現金價值的基礎，通常預定利率越高，保費越便宜，預定利率越低，保費則越貴。

預定利率會隨市場利率的變動而變動，在購買保險的那一刻，會參照市場利率而告訴投保人預定利率是多少？在保險單的有效存續期間內，這預定利率是不會改變的。

近幾十年來，因為市場利率相當的低，預定利率也就隨之很低，「傳統型保單」的保費因此會變得很貴，致使有些人在購買保單時退卻，為因應這個情況，保險公司隨之推出一種「投資型保單」。

投資型保單是將保險及投資合而為一的商品，其本質仍為保險商品，但是所產生的投資收益或虧損屬於保險單的「盈虧自負」。投資型保單的「宣告利率」是指保險公司向保戶收取保費後加以投資運用，依據實際投資狀況等因素而得到的報酬率，這「宣告利率」就是投資型保單計算保額、保費、保單現金價值的基礎。

保險業務人員常常會用這幾點來鼓勵投保人從「傳統型保單」轉換為「投資型保單」：

「傳統型保單」的「預定利率」很低，所以保費會很貴。

「投資型保單」的「宣告利率」比較高，所以保費會較低。

「投資型保單」的多元化功能可以達到累積投資效益與保險等目的。

「投資型保單」與「傳統型保單」的保障是一樣的，只是保費較低而已。

聽起來是多麼完美的投資與保險的組合，所以投保人自然而然地就會轉為「投資型保單」了。

只是很奇怪的是，我所有的「投資型保單」的投資月報酬（或季報酬）常常都是「負數」，累計報酬更是一塌糊塗，我沒有一張「投資型保單」有正報酬給我看，股市大漲，月報酬只漲一點點；股市不漲不跌，月報酬就是虧損；股市大跌，月報酬的虧損更是比大盤還多，所虧損的投資金額根本比我少繳的保費還多！

只能三聲無奈！實在是搞不清楚怎麼會有這麼爛的投資績效，這「投資型保單」的投資虧損等於是投資失敗的指導「明燈」，我都很想知道他們投資的標的物是哪些，然後與之「對作」，那一定會賺錢的。

若是在基金公司，有這種操盤績效的基金經理人早就被幹掉了。

從投資的專業角度來看，「投資型保單」的投資決策模式有極大的「原生的制度性」問題。若是一般的投資有這種虧損情況，投資人早就認賠出場，早就轉移資金了，是不可能這樣陪你玩的。但是「投資型保單」是把投資與保單綁在一起的，只要保單持續存在，投資就是無法撤離，因為涉及保費與保額的複雜計算，「投資型保單」的投資虧損是個無解的難題。與其這樣，「投資」和「保險」還是不要混在一起吧！

小資的智慧

- 小資們，買保險是要避免人生中的意外來阻擾你完成人生的目標。
- 小資們，寧可少買一個包包，也要多買一份人生保障。
- 小資們，在能力範圍許可情況下，趁年輕時就買好保險是必須的。
- 小資們，「投資型保單」的投資虧損是個無解的難題。
- 小資們，保險是保險，投資是投資，千萬不要混在一起。

第五堂

◇

房子

沒有一個「狗窩」就沒有完整的人生

無房階級的生活是十分辛苦的，有如漂泊的浮萍，沒有房就沒有根呀！

之所以會是無房階級，有的人是因為沒有穩定的工作收入。沒有穩定工作收入代表著賺錢辛苦，那存錢就更困難，也就是說，要存到購屋自備款都不容易，更不用說去申請房屋貸款的可能性了。大多數的人購屋一定會需要貸款，因此個人的財力證明或穩定的收入證明就相當重要，銀行在核發房屋貸款時，會視個人的職業性質、存款、信用評比等項目進行評估，如果沒有一個穩定的收入來源，在申請貸款上會被拒絕，將導致無法買房。

有的人無房則是心裡老想著等房價跌更低。在台灣，一般情況下是「房價沒有最高，只有更高」，你認為現在的房價已經太高，十年以後回頭再看時，真的只能後悔沒有再多買兩間。無房階級總是在等，想等房價下跌之後再買，等了幾年之後，根本就失去買房子的意願，因為價格早就飛上去了。腦袋總是想著「早知道就如何如何……」，哎呀，來不及了啦！

還有一種是追求完美的一步到位主義者。除非你的命好，有人幫你，不然大多數人買房子，要不是從「蛋白區的蛋白區」買起，就是從「小房子」或「舊房子」買起。只是有一種人天天盼望著住到天龍國的蛋黃區，抱著非豪宅不買不住的心理，但偏偏口袋空空手頭缺錢，那是要如何一步到位呢？因此就成了無房階級了。

我也常常想著要住台北陽明山上、信義區、新店山上的豪宅，但是銀兩缺缺就算了吧。買不起蛋黃區的房子，那就先買別的地方吧！買不起大房子，那就先買小的吧！買不起新完工的房子，那就先買舊的吧！

一個家庭普遍會面臨到三個大問題：要居住在哪裡？要如何養育下一代？要如何照護上一代？排在第一的就是「房子」的問題。哪怕你工作不錯，薪水再好，如果沒有買房子，沒有一個自己的「狗窩」，就不算有完整的人生。

有些人鼓吹年輕時不要買房子，其理由不外是年輕人要去看看這世界有多大，多多去體會人生，多多結交朋友等等。年輕的時候自自由由的過日子，今朝有酒今朝醉，快樂極了，租房子住不習慣就換，房東不好就換，隨便一個理由都能換房子；等你老了且病了，有錢也可能會租不到房子，因為沒有房東會喜歡房子裡面住一位隨時可能出事的老人家。

所以，對於第一個自住房是一定要先買的，因為這是你的「狗窩」，是你齊家、治國、平天下的「根」。有能力之後，是否要買第二棟以上的投資屋，就看個人的想法。

小資們，要想累積財富，作個有選擇自由的人，請盡早買一個與你的能力和財力相當的房子。不論位置、大小與新舊，有了房子，你的人生就重新啟動。

買房或租房，買得起何必用租的呢？

房子是地球上唯一可以有效對抗通貨膨脹的資產。在台灣，一般情況下，房價會跌通常是因為經濟所造成的短暫下跌，過個幾年就會再度漲回來，而且漲回來的比例與速度會讓沒有買房子的人感到懊惱與後悔，只差個幾年，原本可以買大三房的錢只能買小二房了。既然如此，買得起房子又何必用租的呢？用房租來繳房貸，十年、二十年之後，房子就完全是你的啦。

不懂為何有人一直反對買房子，只是因為房價太高嗎？雖然每個人都有自己的生活哲學，買房子也許根本不在這些人的生命清單之內，但我認為，要保護資產的價值，買房子不但不是可以忽略的，更是必須積極的去進行，也就是要盡早買。

根據過去的經驗，只要每月的房貸金額在房租的兩倍之內，你就要仔細思考買房子的需求。若是有意買房子，能早買就盡量早買。除非你是天生好命的有錢人家，否則不必想一步登頂，先從「蛋白區」的外圍或中古屋買起，由小而大，由舊而新，再逐步更換到你心目中的理想區域與房子。

只要有穩定的工作，管好錢，作好理財規畫，很快的會存到一筆「自備款」，然後就可以朝圓夢邁進了。小資們，買房子量力而為，不必看別人是如何又如何的，盡自己的最大力量就是啦。

房子是唯一可以有效對抗通貨膨脹而風險最小的資產

在所有的資產中，房子是唯一可以「有效」對抗通貨膨脹的資產，因為在大部分情況下，房子的資產價值占比會是你所有資產中最大的；不過，也由於房子是你一定會用得到的，你需要房子來維持日常生活，所以風險也是最小的。

就經濟學而言，房子是十分「在地化」的資產。相對於大部分的資產是可以移動的，譬如現金存款可以拿著搬來搬去，房子本身是搬不動的，其流動性受限於所在的位置，價格絕對受所在地區的經濟環境影響十分巨大。

若在一個國家內發生大幅的通貨膨脹，大部分東西的價格會因而飆漲上去，房子的資產價值占比往往是最大的，所以其價格飆漲的影響程度也會最大，甚至因此帶動其他資產的價格上漲，足以反映出通貨膨脹的負面影響。所以在經濟學中，房子是唯一可以有效對抗通貨膨脹的資產。

若是你只有一個自住房，房子價格因通貨膨脹而上漲的效果，只能讓你在對抗通貨膨脹的過程中維持「不敗」而已，並不會產生額外的利益，因為房價上漲只是反映物價上漲的程度；當你因住房需求改變而要換屋時，新房子的價格也已經因為通貨膨脹的關係而上漲了，你的換屋不會有任何因通貨膨脹造成的額外好處。

想要擁有因通貨膨脹而價格上漲的額外利益，就必須持有第二棟以上的投資房。對持有者而言，在發生通貨膨脹之後，賣出第二棟房子時，其房屋價格上漲的部分才是你對抗通貨膨脹的額外獲利，因為你不一定立刻需要去再買一棟新房子。

在貨幣學中，有一個「貨幣的面紗」理論。當通貨膨脹發生時，你原有的一〇〇元工資上漲至一一〇元，名目收入增加了十元，因為多了一〇%收入，在心理上你會誤以為你比以前更富有了，然而實際情況是你可能要花更多錢，甚至多於一〇%的錢，才能維持以前的生活水平，也就是說，實際上你可能比通貨膨脹發生之前更窮了，卻不自知。

在只有一棟自住房的情況下，房價飆漲會讓你感覺更富有，但實際上卻是更窮了，惟有持有第二棟以上的投資房，才能逃脫「貨幣的面紗」理論的困境，也才能因通貨膨脹而享有額外獲利。

二〇二一年新冠肺炎時期，美國政府不斷的發錢以維持經濟的動能，考量到疫情結束時，這些龐大的資金勢必引發一波的通貨膨脹，因此叫許多人在洛杉磯地區買房子。當時因為疫情使得市場不景氣，房子價格是隨你砍的。到了二〇二二年初，發生意想不到的「俄烏戰爭」，石油價格飆漲，物價水準上升至九．一%，本來隨你砍的房價隨之上漲翻倍。

在通貨膨脹下，自住房只能維持「不虧」而已。要在通貨膨脹下賺到價格上漲的額外利益，就必須擁有第二棟以上的投資房才行。所以小資們，在能力所及的情況下，要買下第二棟投資房去真正享有利益。

購屋用貸款很正常，但不要超過自己的償還能力

購屋用貸款是很正常的，不需要覺得羞愧，問題在於如何好好的處理貸款的問題。關於貸款有幾個重點要注意：

一、貸款買房可以強迫存錢。要強迫自己有效率的存錢，就去買一個房子，然後辦貸款，每個月乖乖的去繳納貸款。基本上，這是對抗通貨膨脹最有效的方式，也是累積財富最快的方式，也就是運用「時間的幾何倍數法」的賺錢方式。要注意的是，買房貸款的金額要控制在自己能力可以負擔的範圍內，也就是，有多少錢就辦多少事，有多少力就出多少力，千萬不要硬扛。

二、確切衡量房貸負擔。要如何衡量房貸負擔是否在自己的能力範圍內？可以有兩種方式，第一是用房租金額來衡量。房租支出是一去不復還，但是房貸繳滿了，房子是你的。願意支付多少的房租，代表著你的收入與生活之間的開銷比例是你可以接受的範圍，因此用房租支出來衡量房貸負擔是可行的。基本上，房貸負擔不要超過房租支出的兩至三倍的範圍，最好是控制在兩倍左右，接近三倍會有負擔過重的可能。千千萬萬不可以超過三倍，否則你的生活會大受影響。假若房租支出是兩萬元，那房貸負擔的範圍就在四至六萬之間，在沒有其他外援的假設下，若是超過六萬，日常生活會有問題。

另一個方式是以收入來衡量。就是利用前面說過的「三分之一管錢技巧」，將收入依照「三三三分配法」來調配，其中三分之一的金額可以用來繳納房屋貸款。若是三三三分配的金額不足以應付房屋貸款，那可以將房屋貸款所占收入的比例調高為四成或五成，但是房屋貸款千萬不要超過收入的一半，因為可能會影響到你的生活，更可能會無法應付緊急事情的發生。現在網路銀行非常方便，可以上網先試算一下房貸金額，這樣你要負擔的比例就清楚了。若是房屋貸款負擔真的會超過五〇％的收入比例，那唯一能解決的方式就是想辦法增加收入。

三、搞懂貸款期限與還款模式的影響。以貸款期限來說，相同金額與利率的情況下，還款年數越長，月繳金額就越少，月繳金額雖然少了，累計利息卻越多，也就是說，三十年期房貸的月繳金額最少，但是因時間拉長而使得累計利息最多；反之，五年期房貸的月繳金額最多，但是因時間最短而使得累計利息最少。累計利息與貸款期限成正比，要省利息，就要縮短貸款期限。

還款模式有幾種，其中，「本息平均攤還」是指在還款期間內，相同的利率條件下，貸款本金與利息合計後平均分攤在每一期償還，優點是「每月還款金額」不變，只是貸款初期攤還到本金的金額較少，因為本金餘額還是很大，所以利息較多；越是往後，隨著本金餘額減少，利息也就減少，攤還本金的金額就增加了。

「本金平均攤還」則是指將全部貸款的本金按期數平均分攤，利息則隨貸款餘額減少而遞減，優點為每月攤還的「本金」固定，利息隨著本金餘額而改變，整個貸款期間的利息總支出較少。

大約在二十年前，貸款利率約在七％到八％左右，雖然多數的貸款期限是二十年期的，但是銀行的還款數據顯示，多數的人在七到八年內就會把款項還清；而現在，雖然利息降低了，但是把款項還清的年數拉長到十二年以上。這顯示房屋價格上漲很多，而薪資卻無太大變化。

四、貸款期限要小心「負數的時間紅利」。當有資產時，利息的時間紅利會加速資產的累積，在複利計算下，時間越長，利息紅利越大。反之，當有債務時，利息的負數時間紅利會加速債務的累積，在複利計算下，時間越長，利息負擔越大，這情況可能使你破產，因此在辦理貸款時，必須小心選擇貸款期限。通常的作法是把時間稍微拉長一點，也就是每月所應繳納的金額少一點，但是每幾個月就要檢視存款餘額，若存款餘額足夠，就直接還銀行一些本金，如此也就可以提早還清本金了。

從「蛋白區」先下手，再逐步換屋到「蛋黃區」

我們一般是運用「房價所得比」來衡量房價的負擔能力，其計算方式是「中位數住宅總價」除以「家戶年可支配所得中位數」，它代表需要花多少年的可支配所得，才能買到一戶總價為中位數的住宅，大家常以「買房得不吃不喝多少年」來形容這個數值，數值越高就是表示要更多的所得年數才能負擔得起房價。

高如天上星星無法觸及的房價是會令人對生活感到氣餒的。面對高房價，許多小資們直接拒絕買房，因為買房之後，可支配所得會因為房屋貸款影響而減少，生活品質也就不得不隨之調降。

不過，租屋要找到稱心如意又便宜的房子是要看你的命，不是你想要就會有的，何況房客與房東之間常常對於許多費用的支付歸屬演出「諜對諜」戲碼，房東也可能會有各種的理由要求你租約到期時遷出。試想想，為何不拿房租來繳房貸呢？

房租一旦繳出就是房東的了，而房屋貸款繳完之後，房子終究是你的，成為你的永久資產。繳納房貸的過程辛苦，但終究會有甜美的果實等著你，房租卻是大江東去不復還。

無殼蝸牛的小資們要買房子可以先從較為郊區的「蛋白區」下手，或從較小、較舊的房子開始，而後再逐步換屋，換到市區「蛋黃區」或較大、較新的房子。無論是蛋白區或蛋黃區，不論新或舊，要負擔得起才是真的。

有位很傑出的朋友剛結婚時，因資金有限，所以先在當時還是台北縣的三峽買房子，那時三峽尚且沒有高速公路，也還沒有建立大學城，就一個在台北市區工作的人而言，三峽是一個很遠的郊區外的郊區，夫妻兩人每天都要花很長的時間在往來台北的通勤上。隨著孩子出生與長大，因為小孩念書的需要而在台北市區買了一個小套房，週間上課時期就住在市區小套房，週五晚上再回三峽。就這樣經過十五年左右，兩棟房子的貸款都還清了，這位朋友的職位也從一個小職員升至副總經理，薪資收入當然不可同日而語，朋友隨後將這兩間房都賣了，改在台北市區買一個約四十坪的房子；三峽因為高速公路的通車以及大學城的設立，那間房賣掉時的房價還向上翻了好幾倍。

小資們不要天天想著「天龍國」的房價你買不起，要想的是「哪一個蛋白區是你買得起的？」而後從小的或舊的房子先下手。無殼蝸牛不是問題，真正的問題在於你是否想擁有自己的房子？想，就有方法與作法去實現。無殼蝸牛上街頭抗議房價太高，然後呢？抗議完之後，就會有房子買了嗎？

有錢人如何活用房子資產，就是以房養房而已

前面曾經提到運用自住屋與投資屋來對抗通貨膨脹，也提到有錢人的賺錢方式是「時間的幾何倍數法」，這也就是說，有錢人會運用「以房養房」的方式來增加其資產。

有句俗話說「房租收入就是一個啞巴兒子」，兒子可能會與你不合，也可能賺不了足夠的錢來養你，但房租收入就是穩穩當當的為你賺錢，可以養活你。有錢人以投資屋的房租收入來支付投資屋的房貸，當然前提是有足夠的購屋頭期款才能如此作，就算房租收入不足以支付投資屋房貸，只要金額不至於相差太多而出問題，略有些差額需要貼補進去，也就當作是一種儲蓄吧。

許多的有錢人就是從第一間的小小投資屋開始，然後第二間，接著第三間與第四間投資屋陸續滾進資產之中，投資屋也從原來小小的套房變成越來越大的大四房，這就是有錢人賺錢的「時間的幾何倍數法」。買下第二間房子當投資房來賺錢，有如養了一隻「會生蛋的母雞」，雞生蛋，蛋再生雞，很快的，你就會有一個「養雞場」為你賺錢。

要記住，只有母雞才會生蛋，也就是說，不是所有房子都會賺，是要挑選的，地點很重要。

有位朋友只買店面，特別是「三角窗」與「路沖」的店面，這些店面幾乎全部出租給超商，為了吸引超商承租，他把房租降價一〇%。超商是一個收現金的行業，又常常一租就是十年，所

以他不必擔心房客無法支付房租，還能有十年的穩定現金流，他可以利用這穩定的現金流再去買下一個店面，他的計畫是，「用兩個出租店面的房租收入可以輕鬆再養一個新買的店面，十年以後我就會繳清貸款，還再多一個店面」。

有人會擔心投資屋要租人是件麻煩事，因為要約時間看房，要簽約、收租，要修水電、換燈泡之類的瑣事。有錢人找個「租屋代管」就好了，與人分享一部分的房租收入，讓人幫你跑腿去辦好所有的麻煩事。

有位朋友在重劃區的地賣給建商蓋大樓。他怕現金留在手上會越來越薄，就買房子當包租公，曾經在一棟大樓內持有超過四十間以上的房子，因為地點在市中心，很容易就全部放租出去，單單一個月的租金收入就超過百萬。為此他乾脆請一位小姐專門來管理房子簽租約與收錢、簡單修繕的事，萬一要修水電有簽約的水電工負責。買在同一棟大樓裡的好處，他說：「我們家小姐只要樓上樓下走動就可以了，很方便。最重要的是，我是整棟大樓內持有房子最多的人，管委會是我在管，我就是這棟大樓的『土地公』啦。」

要買投資屋來投資，要記住，地點、地點、還是地點。很重要，所以要講三次。因為有那麼一天，投資屋是要賣掉的。

「時間的幾何倍數法」就是這麼一回事，用錢賺錢，用錢滾錢而已。小資們有能力的時候，也可以照樣畫葫蘆。

台灣的房屋稅與土地稅幾乎是全球最低的

在台灣，對於房屋的價值有多種不同的評定方式。內政部的「房屋現值」，以申報的成交市價為基礎。國稅局的「房屋公告價值」，是用來徵收房屋稅與土地稅用的。財政部的「房屋評定價值」，是用以計算遺產稅的。說真的，就是一團亂啦！

在美國與加拿大，只有一個房價。以郵遞區號為範圍，在範圍內，若有成交案件，就以案件的成交價格為基礎，參考房屋大小、屋齡、建材等等條件來計算「房屋價值」，這就是所謂的「房屋參考市價」，政府再以此「房屋參考市價」作為課徵房屋稅的基礎。

美國與加拿大的房屋稅稅率約在一％上下，「房屋參考市價」一百萬元的房屋，一年需要繳約一萬元的稅，這稅率是很高的，收入不夠還可能繳不起，也因此他們會投資買第二、三、四棟房子的人很少。

台灣的房屋稅與土地稅的課徵基礎是以國稅局的「房屋公告價值」為準，其價格通常只有「房屋現值」的百分之一不到而已，自住房的稅率約在二％上下，因此「房屋現值」約四千萬的房子，只徵收幾千元房屋稅與土地稅，這幾乎是全球最低的，也因此台灣有許多人會投資買第二、三、四棟房子來累積資產。

在計算遺產稅與贈與稅時，財政部會用「房屋評定價值」來計算，這「房屋評定價值」遠遠低於市價，所以被課徵的遺產稅與贈與稅的金額也不會十分驚人，因此有錢人不會贈與或遺贈孩子龐大金額的現金，但會給房子，就是為了省稅而已。

小資們，有能力的時候，請多利用這種政府的德政來幫孩子累積資產。

車子或房子對於你的意義是什麼？

就經濟學而言，每件「物」對於每個人的「邊際效應」都是不同的，每個人都應該選擇「邊際效應」最大的來消費。

有些人比較喜歡房子，有些人比較喜歡車子，那你呢？車子或房子對於你的意義是什麼？車子或房子是否為能夠帶來現金流的正資產，還是會吃掉鈔票的負資產？

簡單的說，房子是生活的資產，車子是生活的負債。對理財而言，你覺得是資產重要有價值，還是負債比較重要有價值？

另一種說法，房子是生活的裡子，車子是生活的面子。你覺得面子比較重要，還是裡子重要？面子是假的，不值錢。裡子才是真的。將來哪一個價值較大？當然是房子！

成功的理財就是要適度的控制負債，累積資產的規模，增加資產的價值。在這樣的觀念下，房子的資產價值擴充是無限的，但是車子自始至終是一個負債的概念。車子一落地就先扣二〇％的折舊，每年的車稅、油錢、停車費、維護費用累積起來是十分驚人的金額。車子一旦登記在你名下，就是要用你的血汗去支付一切，車子的花費就是啃你的骨，喝你的血。

除非是作生意的需要，否則千萬不要去貸款買車，那真的是沒有裡子，更是失去面子。

反觀，房子提供一個安全的家，房價還在持續不斷上漲，從稅務角度來看，養房可比養車子便宜許多！單單車子的稅就是房子的好幾倍。若車子與房子只能選一個，你選什麼？

先買房子的優點在於，逼自己認真去賺錢與存錢以增加資產，最終作個有「選擇自由」的人，在二十年或三十年後，除了擁有房子以外，應該還有一個溫暖的家，你不會一無所有。

先買車子的缺點在於，在二十年或三十年後，除了一輛可能無法發動的車子，你會一無所有。

房子與男人只能選一個，妳選什麼？

男人買房子的主要動機往往是想找個老婆，女人不是如此。女人買房子時，心裡所想的不單單是一個可以住的地方，更是一個可以遮風避雨，沒有人能把妳趕走的所在。

女人在生活上的安全感更多來自於寫著自己名字的房子，哪怕房子再小也沒關係，女人的心裡是要一個「窩」，一個可以安心的窩。不論單身與否，女人有了自己的房子，根本不用理會男人，因為老娘說了算。若是房子與男人偏偏只能選一個的時候，妳會選哪個？聰明的女人一定要選擇「房子」喔！

房子不會劈腿，更不會背叛妳，可是男人就不一定了。好男人難尋，好房子好找。想想，若是男人背叛妳，誰應該離開房子？當然就是那個沒有房子所有權的人呀！沒有男人沒關係，孩子在，房子在，家就在。

買房子的時候，女人一定要把自己的名字刻劃在房子的所有權狀上面。當一個男人買房子時願意把房子登記在女人名下，顯然這男人有計畫要與這女人過下去。

房子在女人名下，男人不太會惹是生非，因為惹是生非的代價會大到男人無法承受。還貸款對於男人，就彷彿孫悟空頭上的緊箍咒，在必須按時還款的無形壓力下，男人又如何能作怪呢？

曾遇到一個離奇的例子，男人用自己的名義買了房，但用女人的名義去貸款，而且貸款的成數很高，如果女人不去交房貸，房子就要被沒收拍賣，因此這個女人不得不乖乖聽男人的話拚命賺錢只為供房，否則貸款就會出問題，就會沒房子住。天底下怎麼會有這麼可憐、這麼笨的女人呢？為了一個房子而被一個男人給牽著鼻子走。而妳，會不會就是這樣的女人？有智慧的小資女人，可要想清楚，可要算清楚喔！

根據政府的統計，登記在女人名下的房子超過五〇％，顯示大多數的女人是聰明的。

小資們，千萬要記住：沒有正式的婚姻關係之前，男女生千萬不要一起買房子，萬一要分手了，那是很麻煩的。

我們當然是希望天下有情人永遠成眷屬，我們也不希望引起家庭革命或倡言不婚時代，只是小資們，面對房子與男人的選擇，請放下情感，理性的作取捨。

小資的智慧

．小資們，為自己準備一個「狗窩」吧！否則就沒有完整的人生。
．小資們，房子不論位置、大小與新舊，有就可以。
．小資們，買房子要量力而為，有多少力就出多少力，千萬不要硬扛。
．小資們，能力所及要買下第二棟投資房，才能真正享有通貨膨脹的利益。
．小資們，不要想著一步到位蛋黃區，從蛋白區、較小、較舊的房子先下手。
．小資們，房子是生活的裡子，車子是生活的面子。面子不重要，裡子才是真的。

第六堂

信用卡與行動支付

「無感支付」是你生活費用超支的元兇

隨著社會及科技的進步，不但信用卡越來越多，行動支付更是風行，許多地方已經發展成處處都是刷刷或嗶嗶就可以付錢，有現金在手反而不方便使用的情況。

行動支付通常是直接連結信用卡或銀行帳戶，只要刷刷或嗶嗶就是自動扣帳。無論在線上消費或實體店購買，在刷刷或嗶嗶的那個當下，其實你對消費的行為是無感的，對於思考這筆支出是「必要？需要？還是想要？」也是無感的，就算等你收到貨運打開東西之後也還是無感的，唯有等你收到銀行帳單或是要支付信用卡帳款的時候，你才會有感，但一切都已經太晚了。

況且信用卡與行動支付常常有「特別折扣」來引誘你消費，甚至會贈送「額外積分」，這種種一切行銷手段都在誘發你的消費欲望，因此這種「無感支付」往往是你生活費用超支的元兇。

信用卡的積分可說是人類偉大的騙局發明之一。通常每消費三十元就贈送一點紅利積分，每三十點紅利積分可以兌換為相當於實體世界的一元，也就是說，要整整消費九百元，才能兌換到實體世界的一元。

這還沒關係，紅利積分往往要幾百點才能兌換到一個小小的便宜贈品，這相當於消費幾十萬元才能兌換一個鑰匙扣環回去；信用卡銀行當然會告訴你，這個鑰匙扣環是「限量的」、是「名家設計的」，以提升其價值感，真是聊勝於無呀！偏偏有許多人沉迷於這些信用卡的小小贈品，內心總覺得是「天上掉下來的禮物」，有必要嗎？

更可怕的是「現金回饋」的信用卡。每消費滿一百元有一％的現金回饋，也就是要消費一萬元才有一百元的現金回饋。會有問題的不會是一百元的現金回饋，而是消費了一萬元的帳單要付，為一百元而浪費了一萬元，不像話呀！

好吧，就算覺得信用卡一％的現金回饋可以接受，偏偏信用卡公司又常常規定在一些場所的刷卡金額不能列入現金回饋計算，如果你是住院做了一個自費手術，出院時刷卡十萬元，很抱歉，這部分不列計現金回饋。哇！一千元的現金回饋就沒了，根本是欺騙我的感情嘛！

在這裡並不是要叫你不使用信用卡或行動支付，而是要控制好，不要因為無感而發生超支或過度消費的情況。

控制好「無感支付」的消費

要控制好「無感支付」的消費，你可以作到這幾件事。

一、行動支付直接連接信用卡。雖然行動支付可以選擇連接信用卡或銀行帳戶，但請選擇連接信用卡，因為現在大家的銀行帳戶通常是使用網路銀行的機會居多，不會常去刷存摺簿子，那就會無感；信用卡可以每個月收到消費帳單，這樣子會稍微比較「有感」，對於控制「無感支付」的消費較有幫助。

二、擁有信用卡不要超過三張。銀行為了拚辦卡業績，你只要會填寫申請表就可以申請信用卡，有人一個皮夾子裡面塞了滿滿的信用卡，手上有那麼多信用卡有意思嗎？若是沒錢支付，你敢刷下去嗎？基本上，有用的信用卡只要一張就夠了；為避免突發狀況無法應付，可以再擁有第二張信用卡以備不時之需；那第三張信用卡就是多餘的了。如此安排也便於管理與避免亂刷卡，消費集中在一張信用卡上面，紅利點數的收集比較快，你也會比較容易兌換到你想要的禮物。

三、設定消費警示。多數信用卡為了安全控管，避免被盜刷，會設立消費警示通知，舉凡金額超過一定數目或是國外刷卡，發卡銀行都會傳送訊息通知持卡人。這對持卡人而言就是一個提醒，也有助於控制好「無感支付」的消費。

四、設定負擔得起的額度。刷卡額度夠用就好，不必太大，萬一發生盜刷的情形，才不至於難以處理。要多大的額度才是夠用？以你的每月薪資為計算基礎，信用卡額度不要超過每月薪資的三倍，這是假設你消費金額到達額度了還是可以如期的支付。

我有位朋友非常疼愛女兒，辦了一張「黑卡」的附卡給她，「黑卡」是沒有額度限制的，女兒當然感受到父親的愛，每個月有事沒事就刷個新台幣一百多萬，朋友問她買了什麼東西？女兒總是回答「忘了」。出於對女兒的疼愛，朋友也不會念她，每次就是默默的把帳給付掉，只是幾個月後，朋友想了想，還是把信用卡收回去了，畢竟「黑卡」太引人注意，女兒老是拿著它晃來晃去的，也讓人擔心會出事。

講到「黑卡」，可不是信用卡顏色是黑色就可以叫「黑卡」。全球真正的「黑卡」只有那家銀行發的才是，因為只有那家銀行能作得到全球「賓至如歸」的服務。「黑卡」的申請是採用「邀請」的方式，客戶資產必須達到一定規模才會邀請你申請，就算是現有客戶介紹，也得先經過資產調查與審核之後再發出申請的邀請。

我的這位「黑卡」朋友某個週六下午閒閒沒事，帶著女兒去「拚一下」，父女倆穿著短褲、襯衫，腳夾著藍白拖就出門了。到了名牌精品旗艦店，兩人大咧咧的逛進去，櫃員都沒有在忙卻沒人上來招呼。女兒看上一個包包，跑過去找櫃員，櫃員一開口就先說了一句「這包很貴喔」，朋友一聽，火了！要求櫃員請總經理下來，此時店長出現，一看我那朋友，不認識！店長心想：

「這台北市有頭有臉的，哪一個我不認識？這應該不是個咖。」就支支吾吾的推託說總經理不在。朋友一聽更火，手機拿出來直接就撥給總經理，正在打高爾夫球的總經理聽到這個狀況，趕緊交代店長要好生伺候貴客。此時朋友拿出「黑卡」遞給店長，說了句：「封起來！」櫃員趕緊把店裡其他客人請出去，店長也默默的去把大門關上，再派兩個人守在門口外面，原來「封起來」就是要「封店」的意思，整間店只接待他們這一組客人。當天，朋友父女倆把那整家名牌精品旗艦店幾乎四分之一的貨給買走了！

「黑卡」的威力就是那麼驚人啊！但是你要有那個實力，不然不要如此的玩喔。

手上沒錢，千萬別刷刷刷

信用卡與行動支付當然是方便的，但是請記住，手上沒錢，千萬別刷刷刷，因為信用卡的利息會高到使你破產。

在十幾年前，台灣流行起宣稱「借錢免利」的現金卡，現金卡不是信用卡，是一種銀行的借貸卡，當持卡人無法支付借款時，就以近二〇％的循環利率來延期支付。當時多家銀行開始拚命的發行現金卡，經過幾年的市場拚鬥之後，有數百萬張現金卡在市場使用。很多人一開始只借了二十萬，最後利滾利而滾成一百多萬，只能以卡養卡悲慘度日。

到了二〇〇六年，最終發生席捲全台的卡債風暴，有超過八十萬人淪為卡奴，平均欠款金額超過一百萬台幣。發行現金卡最多的銀行因此而倒閉被併購，台灣的金融業更是因為這個事件而損失慘重。

有一個研究說，當人在國外旅遊使用信用卡購物時，往往會處在一種「失心瘋」或「被催眠」的狀態下，會特別想要一次買夠，因為心理上會認為下次再來的機會不高，很多時候還會在一種「比較心態」下而衝動購物，結果是買了一些不需要的東西回來，當要付信用卡費時才發現慘了。

有位朋友陪兒子去美國入學，開學前父子倆覺得無聊，路過一間車行就進去逛逛，正好碰到車行的「開學日打折」活動，一部車價格可以差上個兩、三千美金。兒子被這個優惠打動，想說買一部車上學也方便許多，但是朋友身上沒帶幾塊錢，只有一張「鑽石卡」在手邊，就問車商，沒辦法開支票，是不是可以用信用卡支付？車商當然說沒問題，外加三%的刷卡手續費就好，於是朋友當場刷卡五萬美金，付款取車。本來無意要買任何東西的閒晃，變出這麼一大筆消費，這也是「失心瘋」了吧！

信用卡帶給人們生活上的方便，但持有信用卡千萬要妥善運用，以免反過頭被卡所吞噬。手上沒錢，千萬別刷刷刷；千千萬萬不要用信用卡借錢，那是死路一條！

信用卡分期付款是債務與惡夢的開始

在線上購物時，常常會問你要不要利用信用卡分期的服務，為了鼓勵你使用這項服務，還往往提供特別的折扣或紅利回饋。

信用卡分期的詭譎之處在於它只是「債務延後」，並不是債務消滅。當你把許多不同時期的消費作了債務延後，全部都累計到後面再償還，那個累計的金額就會龐大到讓你無法負荷，接下來，就會動用到「循環利息」來遞延債務的償還。

信用卡分期的作法可說是信用卡的「養套殺」手法，是一切債務與惡夢的開始。在消費時，用信用卡去作分期的動作會誤導你的理性消費，會誤以為消費金額只有那一點點的分期金額而已，一旦有許多筆的分期金額累計在一起，你會忽然之間發現無法清償了，接著只能去作信用卡融資。這樣一來，就是死路一條！

很多的窮人會越來越窮，就是因為他們大部分喜歡利用「信用卡分期付款」的方式來消費，惡性循環之下最終導致債務無法償還。

小資們，信用卡分期付款是一切債務與惡夢的開始，千萬不要去用。

妥善利用「結帳日期」的時間差

通常每張信用卡的結帳日與支付日之間會有兩週時間的差異，結帳日如果在月中，支付日就會在月底。

若是擁有兩張信用卡，把兩張信用卡的結帳日設定為錯開，就會有兩個支付日的時間差。譬如兩張卡的結帳日分別為當月十一日及二十五日，每個月十一日第一張卡結帳之後的消費都刷這張卡，使用兩週時間，直到第二張卡的結帳日二十五日，當第二張卡一結帳，之後兩週的消費就改刷這張卡，如此循環，等於把刷卡的消費金額償付時間遞延到最長。

這個方式聽起來不錯，但是實際上能省下的錢不多，只是好玩而已。

小資們，要省錢，最好的方式就是不要買。

小資的智慧

- 小資們，不要因為無感支付而超支或過度消費。
- 小資們，手上沒錢，千萬別刷刷刷。
- 小資們，千千萬萬不要用信用卡借錢，那是死路一條。
- 小資們，信用卡分期付款是一切債務與惡夢的開始，絕對不要去用。
- 小資們，要省錢的最好方式就是不要買。

第七堂

「投資」是人生必定要面對的問題

「薪水」，辛勞的苦水

「投資」是人生所必定要面對的事，不只是要投資賺錢的問題，更是不要因為不懂、不瞭解或貪心而被騙了。與其後悔學藝不精，倒不如理清觀念，直接面對問題，解決問題。

台灣諺語說：「錢有四隻腳，人只有兩隻腳，人追錢是追不到的。」賺薪水是運用「時間的加法」賺錢，也就是，一份時間，一份勞力，一份收入，沒有時間或勞力的投入，就不會有薪水收入。

靠薪水收入過日子是最辛苦的，原因在於逃不掉的稅，薪水要繳的稅一毛錢都很難省，因為白紙黑字就寫在那裡。在台灣，政府的所得稅收入占整體稅收的五一％以上，企業營業稅只占一三％左右，更悲慘的是，七五％的所得稅是由勞動薪水的人所繳納的，雖然如此，有超過半數年輕人的薪水少到免繳所得稅，可見靠薪水收入有多辛苦，只會用雙手賺錢是很難成為有錢人的。

坦白的說，稅法制度對於勞力辛苦所得極為不公平，我們無法改變稅法制度，但是可以改變賺錢的方式。在台灣，若是收入來自於「資本利得」，如股票交易等等，那是不用繳交所得稅的。

要追求財富自由就要「用錢去賺錢」，但這不是一個一步登天的過程，先是要用雙手賺錢或時間換錢的「時間的加法」，在這時候，盡可能的存錢，累積資本，作好管錢的基礎工作。再來，要發展出運用「時間的乘法」的賺錢方法，加速賺錢的速度，加快累積資本，但這只能讓你的生活無憂無慮而已。接著，要充實自己的財金知識與投資技能，累積足夠的資本之後，在風險可接受的範圍內，一定要進行投資，要真正成為有錢人，需要會運用「時間的幾何倍數法」來「用錢賺錢」，因此，「投資」，就是人生必定要面對的問題。

有位很有名的新加坡企業家就是很典型的經歷過這三個賺錢階段而成為富豪的。他在年紀很小的時候，從中國福建逃難到新加坡，當時身無分文，身上只帶著一個小小的背包。他投靠一位遠房的叔叔，在他的煤油廠工作，負責用牛車將煤油分送到各個買家去，晚上就睡在油桶上，過得相當辛苦，此時就是運用「時間的加法」在賺錢。

因為表現優異，他慢慢的接掌叔叔整家油廠的工作。考量用牛車運送太慢、太沒有效率，就全面改為用汽車運送，營業範圍擴大許多；經過數年發展，他發現汽車運送成本太高，於是向政府申請埋設油管，直接從油廠輸送給買家，買家只要打開開關，油流進去，錢就賺到了，而且買家接了油管，他就是獨賣，別人進不去；此時就是運用「時間的乘法」在賺錢。

事業繼續發展，為了降低成本，他向政府申請設立煉油廠，不再只是賣煤油而已，而是生產各類石化產品。接著要增加運輸與碼頭的效率，他買進數艘油輪，並在東南亞各地修建油輪專用碼頭，再投資開採印尼的油田以確保油源無虞，逐漸的，以新加坡為中心，發展成為東南亞最大的私人油公司，擁有煉油廠、油管、油輪與碼頭；此時就是運用「時間的幾何倍數法」在賺錢。

有錢人的煩惱與窮人的煩惱有何不同？窮人的煩惱往往只是煩惱當下，明天的事不必想，因為沒錢是什麼事都做不成的，沒錢想那麼多幹嘛！有錢人的煩惱是煩惱明天還有明天以後的事，有錢，就有很多事想要去作，哪怕是為國為民為天下的大事也想幹。

不要想著「一步登天」就成為有錢人。萬一，幸運之神眷顧你，讓你中了彩券頭獎，先恭喜你，接著要告訴你，你死定了！因為你還沒準備好如何管那些錢，錢很快的就會把你給吞了。

小資們，不要心急，財富累積是緩慢的，因為需要時間學習如何管錢。努力工作賺錢累積足夠資本之後，一定要學習投資技能，一定要進行投資。

投資，是為了保護你的資產價值

有很多人會把「理財」和「投資」混為一談。

「投資」是Investment，「理財」是所謂的Wealth Management，也就是財富管理。對於一個有著專業投資背景的人而言，理財與投資完全是兩碼子事情，雖然兩者在某些觀念上是可以互通有無、相輔相成的。

「理財」就是管理財產，它所代表的層次、範圍非常之廣泛，投資也包含在其中。理財是指把財產有系統的進行管理規畫，在不同風險程度的金融產品上作最合理的分配，部分資產作為活存、部分作為定存、部分進行投資、部分投入房地產等等。

相對於理財，投資的範圍要小得很多。投資所討論的就是把錢放在股市、共同基金、債券等有價證券中的投資交易行為，在討論到投資時，其所涉及之風險程度通常也比較高。從風險的角度來看，「理財」所面對的風險顯然要小於「投資」的風險。

投資人把自己辛苦賺到的錢放到有風險的投資市場中，其目的肯定不是為了虧錢，而是盈利，這也是大部分投資人在進行投資的時候所希望達到的目的。除了盈利之外，更多的人希望投資可以產生保值的作用，保護自身資產的價值。

在我們的生活中有個很可怕的怪物叫做「通貨膨脹」。什麼是通貨膨脹呢？就是你現在手上有一百元，本來你用一百元就可以買到的東西，到了明年可能就要用一百零五元、一百零八元甚至一百二十元才能夠買到；這一百零五元、一百零八元、一百二十元與原來的基準價一百元比起來，顯然超出不少，這就是「通貨膨脹」所造成的結果。

投資人之所以投資，就是希望在這過程中的盈利能夠超過通貨膨脹的速度，進而達到保護資產價值的目的。這種因通貨膨脹而造成的虧損是實質存在的，雖然很多人並沒有意識到它。

除了盈利和保值，有些投資人喜歡把錢放到國外，對他們而言，投資在不同的地區，目的是要規避匯率風險或政治風險的一種手法。

投資四大戒律：戒貪、戒躁、戒盲從、戒沒耐心

不管你是投資在哪一種金融商品，有四大戒律是你必須要確實遵守的。

第一，戒貪。戒貪就是在獲得適當的獲利後立刻出場；同樣的，適當的停損也是必須的。過度的貪心只會讓你持有部位由盈轉虧，甚至可能會把一整個銀行都給虧掉了，這不是在瞎扯，二〇〇八年全球金融海嘯的時候，在法國興業銀行（Société Générale）擔任交易員的傑宏柯維耶（Jerome Kerviel），違反銀行內部規定，操作超過興業銀行授權的交易部位上限，經手的交易金額高達五百億歐元，興業銀行因為這些失控的交易行為，一度面臨破產危機。

第二，戒躁。投資與理財就像是修練一樣，必須等待適當的時機進場，而不是莽撞跳進或跳出。如果你認為，「上帝會眷顧我一輩子的，投資計畫一點也不重要」，這樣的話直接去買彩票就好，不需要如此大費周章的作投資規畫。投資最重要的是「等待時機」，好比武林高手過招一樣，等待時機出招，一旦出手就是一招斃命，就是一招定生死。所謂的「等待時機」就是「謀定而後動」，這個「謀定」就是投資人要有自己的投資交易計畫。

第三，戒盲從。在投資市場之中有太多的人云亦云：所謂的專家之言、所謂的趨勢大師之言、所謂的明牌……，他們講得或多或少，或有用或沒用，或真或假，或夢或幻的消息，投資人

千萬不要盲目聽信，這些專家不過是期待你幫他們「抬轎」而已。投資人必須很清楚自己有多少能耐，不論你今天買的是股票、基金、債券或者外匯，投資人對於自己的投資計畫必須是心有定見的，而不是任誰告訴你哪個好，你就跟著買。有定見的好處是什麼呢？好處就是，即使你錯了，你也會知道自己是怎麼錯的，並從錯誤的經驗中學到經驗與知識，當這樣的經驗累積到一定的數量，你就不容易再犯錯了。如果你只是聽從三姑六婆或趨勢大師的意見，當這些大師錯了，你也無法從中累積經驗，因為是大師的錯，那下次要投資的時候怎麼辦呢？難道還是聽從三姑六婆的意見或者指望專家拉你一把嗎？因此，投資人必須訓練自己的定見，不可以盲從。

第四、戒沒耐心。不管行情是在上升還是下降，總會有一大段時間的價格是不動的，這種狀況我們稱之為「盤整」。盤整之後，是持續走勢還是反轉走勢，必須要有個時間來醞釀新行情的發生。作技術分析的專家都會告訴你，任何行情都不會突然轉向，需要有一段時間來醞釀它的反轉，在這個醞釀的時間中，你必須等待，你要有耐心，等待行情的發動。交易員與操盤手之間流傳著一句話說：「現在不買，那為什麼現在不賣呢？」這種現象應該是不存在的。行情有上有下、也會有不動的時候，那行情不動的時候你為什麼要賣呢？你就不能休息一下或打個盹兒，或偷個懶不幹活嗎？投資一定要有耐心等待行情發動。

恐懼的心理會讓你在投資時失去理性

投資人要進行投資時，必定會產生一些恐懼的心理而影響到投資行為。

第一個就是恐懼資產的縮水。本來有一百萬的資產，進場投資之後，只剩下三十萬，帳面上的價值由一百萬的現金變成了三十萬的股票，就算沒兌現，心理上就已經覺得虧損了七〇％。如果他現在立刻要用錢，只好把股票賣掉，那也只能拿到三〇％的錢，也就是實際虧損了七〇％。對投資人而言，資產縮水與損失當然是恐懼心理產生的主要原因，產生恐懼心理的第一反應就是可能不進場。

其次是恐懼報酬的縮水。投資人進行投資交易時，期待報酬率會保持在三〇％、四〇％甚至五〇％，然而在實際操作過程中只能拿到一〇％的報酬率，甚至是虧損的狀況，那麼投資人必然會覺得恐懼與不安，產生這種心理之後的反應就是不進場或退場。不進場，就是永遠只能拿那一點點的利息過日子；但是一旦虧損太多才退場，那投資人就永遠失去機會，甚至無法翻身。如果你設定好停損點位置，就算是有虧損，一旦到達停損價位就馬上出場，如此就不至於傷到你的老本，如此就不至於永遠失去機會或無法翻身。

再來是恐懼價格的動盪。投資人對價格波動可說是又愛且恨，在交易的時候，會希望價格是上漲的，可是又會害怕價格上下波動幅度太大的標的物，因為所持有的風險會太高。但是你知道嗎？價格波動幅度最大的股票，往往不是價格上漲或下跌幅度最大的股票。價格上漲幅度或是下跌幅度最嚇人的那支股票，其行情走勢往往就如同冷水煮青蛙中的那隻青蛙，平常不會有太大的動靜，只是在水煮沸的瞬間突然出現大幅度的上漲或下跌，這巨大震幅是會讓人措手不及的。

投資人也會恐懼所依賴的交易系統失效。譬如說，投資人以前依靠的是移動平均線來決策進場點或出場點，可是突然發現，在最近的一段時間內，這種技術分析的指標可能因為太先進或不夠先進而失靈，不足以應付市場波動，此時投資人就會無法適應而開始恐懼。

這些恐懼心理使得投資人在進場的時候，往往已經失去他原有的理性，而必須重新定位市場的特性，如此一來，投資人發生虧損的可能性將會非常的大。

交易計畫是一位投資贏家所必備的

「貪婪」與「恐懼」是投資的兩大天敵！投資交易過程中，人性弱點「貪婪」與「恐懼」永遠在拉扯，必須在這兩者之間取得平衡。

貪婪是人類追求美好生活過程中所必要的條件，貪婪的本質不是邪惡的，其實就是人類在追求幸福的心理，而恐懼則是人類避免受傷害的自然反應，就是貪婪的安全煞車機制。

貪婪，「向前衝呀！」恐懼，「先停停，再看看吧！」投資交易是「貪婪」與「恐懼」的心理學交戰，簡言之，就是「心態」的問題。要成功，就要有貪婪的野心，但是要有謹慎恐懼的心來檢視是否安全，不要因為貪婪的野心而失控。

在投資時，一旦發生恐懼的心理，面臨損失的機率將會大大增加。缺乏信心的恐懼心理將使人作出不適當的投資決策，也因而會損失，所以必須瞭解自己所恐懼的是什麼，在進行投資時要知道避開，如此，投資獲利的機會才會大大增加。

「貪婪」與「恐懼」的平衡點就是「風險的接受度」。沒有哪件事是沒有風險的，問題只是在於你是否能接受這風險，一旦清楚明白自己的「風險的接受度」，那「貪婪」與「恐懼」的甜蜜平衡點就出現了。也就是說，在投資之前，要想清楚最大的損失會是什麼？自己可以承擔嗎？

小資們，太貪心，千萬不要進股市；怕虧錢？那也不要進股市。

「交易計畫」是一位投資贏家所必備的。不論過去是多麼的獲利豐碩、美好與令人懷念，這都與現在接著要進行的交易無關，因為過去的已經過去了，現在交易所要追求的是一個美麗的許願，惟有寫下一份交易計畫，這美麗的許願才有可能實現。

在投資之中，你想賺到多少錢？五萬、十萬、一百萬？你必須很清楚地說出「我想要賺多少錢」，沒有這樣的目標，就會失控，就會被嚇死，就會永不翻身。

一個明確的交易計畫裡要包括：要用多少錢進行投資？該在什麼價位進場？什麼價位要出場？是短進短出還是長期持有？如果情況不對，應該在什麼價位停損？最大能承受的損失是多少？投資所需的資金夠不夠？所謂的「明確」，就是要你把交易計畫與數字，白紙黑字清楚寫下，不能只是在腦中想想而已。

投資的最大目的就是獲利，但是別忘了：「人無千日好，花無百日紅。」再好的行情都可能會發生反轉或下跌，投資股票需要如此計畫，投資基金更是需要如此計畫，「交易計畫」的目的在於提醒你，要投資，就要有好的規畫。只要跟著自己的計畫精確執行，相信你的投資就不至於出現太大的虧損。

你買的是「價格」還是「價值」？

台積電股價在二〇二二年的十月左右，自六八〇元的高點跌落至四〇〇元以下的價位，這個價格遠遠低於其身為產業的世界龍頭所應有的公司價值，其股價因俄烏的戰爭風暴所引起的全球經濟問題而被嚴重的低估，股價被低估不是公司本身造成的，而是外在因素所引發的。

從「價值」的觀點來看，當時的股票價格遠遠低於公司所應有的價值，而對於這樣一間有價值的公司，市場終究會還其公道的。當時公司股票出現底部已經形成的種種跡象，況且大盤要止跌反彈，這個權值最大的藍籌股公司必定首先獲得政府護盤基金的買單，如此一來，這股票還會再大跌的機會就很小了。此時台積電的一位高層質押自己的持股，借錢再買進更多的自家股票，顯然這位高層清楚明白市場價格已經遠遠低於公司的價值，此時不買更待何時？

進場投資必須清楚瞭解「價值」與「價格」的差異。公司的價值就是在會計學上所記載與所評估的價值，「公司資產」減去「公司負債」等於「股東權益」等於「公司價值」，而「公司價值」除以「發行股數」等於「每股價值」。這個價值評估裡包含有公司的專利權、所持有現金、所持有資產、其他投資利益、相對於競爭者的領先地位、未來發展的預期價值等等主觀與客觀的因素，不同人的認定會有相當大的差異，公司價值是你在進行投資時，最需要關注的公司議題。

公司的股票價格則是指大部分投資人所認同的市場價值，是市場每一天的價格水準。

投資的根本思考重點是價值，進出場的著眼點卻在價格。公司的價值不但是會計學上所記載的，還包括許多的預期值，有些時候，這些預期值是很虛空的。

進行投資時，你首先該思考的是公司的價值而非股票的價格。投資有價值的公司是立於不敗之地的最重要思考，因為有價值的公司，市場終究會還其公道。然而，在進出場交易的思考邏輯上，卻必須以價格為依歸，因為你到底是得把買進的股票賣出去，才是真正的賺到錢。當股票的價格遠遠低於公司應有的價值時，進場買進相對有比較大的獲利機會，同時要反過來思考，為何會發生這樣的事？是否是公司的價值發生變化了？

有位朋友對於股神巴菲特的長期持有理念十分贊同，但是買這個會怕，買那個也怕，不知道要投資什麼好，對於價格與價值的差異也分不清楚。我只能建議她去買美國的「波克夏」（Berkshire Hathaway Inc）股票，這是巴菲特的投資公司的股票，巴菲特的所有持股與獲利會完全的反映在這支股價上，把這股票當作基金買，根本不用理會那些想仿制巴菲特理念的基金操盤手，簡單而且直接的買下巴菲特就是了。

小資們，你買的是「價值」還是「價格」？要確實明白兩者的差異，才能採取適當的交易。

不管投機還是投資，「生存」是最重要的法則

投機交易（Speculation）通常是指在期貨、股票、外匯、債券等交易市場中進行「快進快出」或「短進短出」的投機交易行為。不論多頭（先買後賣）或空頭（先賣後買）的交易，投機交易持有部位的時間極短，短則幾秒鐘，長則不過幾天而已，為了確保交易的獲利，投機交易通常會借助電腦設備來計算。其獲利來自於價差，不會在意標的物本身的價值，單純注意價格的變動，只有在波動的市場才有機會，才能有效率的獲取利潤。投機交易都是以技術面的分析為主，在價格波動的過程中，適度的追求風險與合理的報酬，在一定程度上，投機交易者的行為都是風險偏好者的行為模式。

投資交易的時程通常比較長，甚至可能長達數年，而且非常在意公司的經營、股利分配與公司的價值，與投機交易的概念是完全不同的。這沒有好壞或對錯的問題，只是策略不同而已，兩者都有其存在的價值。不管你是要投機還是投資，先是投機後來轉成投資，或先是投資後來轉成投機，你最重要的目的就是「生存」！「生存」是投資人在市場上的第一法則。

某些投資者會認為，「長期持有的」，「暫時可能會賠錢而不需要出場的」是投資，而相對的，「短線進出的賺錢行為」，「積極的進行交易」就是投機，這樣的說法混淆視聽，明顯不合

邏輯。有這種「賠錢屬於長期投資，賺錢就歸投機」概念的人，一般而言都沒有明確的長期或短期交易計畫，對於什麼時候進場、什麼價位要平倉獲利，統統沒有概念或計畫，他們只有一個原則，就是「見機行事，見好就收」。問題是，如果沒有「機會」呢？這些投資人要怎麼辦？這種在進場之前沒有準備好的投資人，只靠著「見機行事」與「見好就收」的想法，他們往往分不清投資和投機之間的關係，這樣的投資行為是非常危險的。

必須記住，「生存是市場上最重要的法則」。如果你的計畫是投資長期持有，就有長期投資交易的方式；如果你打算短線進出，也就會有投機的作法，兩者並不相悖，投資人可以自己做選擇。如果只會自我安慰，遇到賠錢就說是做「投資」，短期賺錢了就說在做「投機」，這種想法不導正過來，難以成為一位「長期且有穩定收益的投資人」。

最近幾年，市場上有一種新興的投機交易型態叫做「高頻交易」，在流動性很好的市場中，利用超高速電腦來計算「瞬間」的買賣價差，進而直接下指令進行交易。在一秒鐘內進行數次的交易，每次交易獲利可能只有幾塊錢而已，但是一天下來進行數千次甚至數萬次的交易，使得累積獲利相當的可觀。這種「高頻交易」不是一般平民百姓能作的，因為投資的成本極為龐大，有能力進行「高頻交易」的團隊通常有許多的電腦、物理與數學博士在進行規畫。

簡言之，「投機交易」就是比錢多，比腦袋聰明，比膽子大，比心思細的操作模式。小資們，如果你錢少，不聰明，膽子小，心思不細，投機交易還是看看就好了。

投資之前先認識風險的本質

在理財與投資中，所謂的「風險」，用極為白話的表述就是「可能遭受非預期性的損失」。風險並不可怕，可怕的是，你不知道它的存在，不知道它對你的影響是什麼。當人在計畫一件事時，總是習慣性往好的方面去想，因為這樣會帶給我們正面的動力，會鼓勵我們朝著目標前進，這是無可厚非的思考邏輯。但是在進行理財與投資的時候，這種心態必須有所調整，不但要加入風險的概念，而且必須常常以「風險」為出發點進行所有的計畫，因為不管再完美的投資計畫，都有可能受到不測風雲的襲擊而發生損失。

認識風險的主要目的在於告訴小資們，不管做任何決策，一定不能因為風險而讓你的行動半途而廢，因此必須要有所備案，雖然凡事總是要有最美好的期待，但是必須隨時做最壞的打算和退路，這是對付風險最直截了當的做法。

在與銀行或金融機構進行投資理財的交易時，作任何決定之前，不但要仔細瞭解契約書上所寫的密密麻麻條文，而且你必須要問的一句話就是，「在最壞的情況下，可能會虧損多少？」這個「在最壞的情況下可能會虧損多少」就是你所必須面對的風險。如果覺得無法承受如此的虧損風險，那就不要被「報酬」與「貪婪」所引誘，那就不要去進行如此的投資。

許多人都會說「沒有風險，哪有報酬」，甚至於有一種「高風險，高報酬」的既定印象。嚴格的來說，「高風險，高報酬」是一種非常嚴重的錯誤觀念，許多的投資人就是在這種錯誤觀念的影響之下，而發生無法避免的虧損。因為觀念不清楚或錯誤而造成虧損，那真的是怨不得人！

就實務上的經驗，正確的說法應該是：「高報酬一定具有高風險；但是，高風險卻不一定有高報酬。」

高報酬的商品一定是在高風險概念之下才能架構起來的商品，唯有在高風險的情況下，才會有風險偏好者願意支付高的報酬給予商品的投資人；因此商品的高報酬一定具有高風險的特性。然而，高風險卻不一定出現高的報酬，因為在高風險之下，虧損情況發生的機率也比較高，高報酬不但不一定會出現，反而比較容易出現負報酬的情形，也就是說，高風險的情況下，賠都賠掉了，就不一定會有高報酬的情況發生。

這種「風險」與「報酬」的觀念是許多小資們都模糊不清的，因此，在理財與投資時，必須更加小心的說明「高報酬一定具有高風險，但是高風險卻不一定有高報酬」的觀念，以避免日後的投資發生無法收拾的虧損情況。

投資沒有「專家」，只有「贏家」與「輸家」

你有沒有發現，市場上充滿了很多「專家」的評論分析，今天評東，明天評西，東南西北講上一輪，不論分析什麼，說來說去都一定是他對。但是你想想，如果他真的那麼神，為什麼還要講出來呢？他自己去作交易就好了吧，可見那些「專家」告訴你的資訊並不真的可靠。所謂專家，也就是一個自我欺騙、自我催眠的表象，很多人接觸金融商品不過短短三或六個月，就自以為成了上知天文下知地理，天邊海角無所不知的神。這種人被稱為專家之後就洋洋得意，以為市場是隨著他的意願在走，這種人還真不少。

有許多的金融機構培養與僱用經濟學家或專家，他們所發表的各種經濟相關分析與評論，皆是以金融機構的利益為出發點，否則怎麼對得起支付薪水的雇主呢？說穿了，這些經濟學家與專家的分析只不過是另一種類型的業務銷售模式而已。

有些專家或許知道大方向該怎麼操作，知道應該買進或賣出，但是小資們自己知道為什麼應該買進嗎？為什麼應該用這些資金來買進？又為什麼是只動用二〇％的資金來買？這些專家不會知道的，這些是操盤手的事情，要成為一個操盤手很不容易，沒有三年五年的歷練是成不了氣候的，而這些人往往不會自稱專家，反而會非常謙卑地告訴你：「我只是一個操盤手。」

在金融市場中，沒有所謂的「專家」，只有「輸家」和「贏家」。就算有專家的存在，也只有真正獲利贏錢的人才能夠被稱為專家，因為只有贏家才知道怎麼操作資金進行投資交易，這種人才配稱作是專家。一個投資專家如果輸了錢，那你還會在乎他的言論嗎？你相信他做什麼？他連你都不如。

信專家，不如先信自己

有個關於專家的笑話：「昨天，有一個專家過世了；今天，專家還沒誕生；現在活著的專家都是騙人的，目前世界上的人都不夠資格稱之為專家。」這裡不是要一竿子打翻一船子的人，只是有良心的、好的專家，真的如鳳毛麟角般的稀少。

市場上的專家們總是會說，「我是對的」、「聽我的就是會賺錢」、「早就告訴你們了」，甚至「信我的就會升天堂，不信的就會住套房」。聽到這些說法我都覺得很納悶，為什麼從來沒有專家提過他曾經犯過的分析錯誤呢？這些專家的所有分析都是如此神準，有如上帝般的能耐，情況只有三種可能：一是內線交易，二是他們都是事後諸葛，三就是吹牛。

投資人必須真實的面對自己，在投資時，「盡信專家，不如先相信自己」。相信上帝、相信任何宗教、相信任何人，這些都是很好的行為，這對生活也有很大的正面影響，但是在相信他們之前，請你必須要先相信你自己，因為先相信自己才能幫你自己做出合乎邏輯的正確判斷。

並不是每個人所講的話都是對的，你要看他用什麼樣的身分、從什麼樣的角度看待投資這件事情，來解析市場趨勢。投資人要學會自己篩選分析報告，判斷他們所提供的資訊，自己去尋找投資的感覺。千萬不要被這些專家的「養、套、殺」三個步驟所迷惑，導致投資出現虧空。

投資沒有「功勞與苦勞」，只有「輸贏」

非洲大草原上的公獅子為了餵飽母獅子與小獅子們，只能努力獵殺小羚羊，追逐小羚羊的時候，公獅子一個不小心滑個四腳朝天，近在眼前的小羚羊活生生地跑掉了。公獅子回家跟母獅子說：「唉，我就算沒功勞，也有苦勞呀。」母獅子回頭看著一窩小獅子，轉頭發飆說：「恁祖媽肚子快餓扁了，你給我再滾出去打獵，沒獵到食物不准回來！」

金融市場就像殘酷的大草原和叢林一樣，只有「輸家」和「贏家」，沒有什麼「沒功勞也有苦勞」那種話。

在金融市場，從來不問你付出多少，只看你的最終結果是輸還是贏。在金融市場，拚搏成為贏家，是擁有功勞的唯一方式，只有「贏家」才有功勞，才會被獎勵。輸了就是輸了，就算你再辛苦，輸了就是沒有回報的，唯一剩下來的只有「輸的經驗」而已，但是「輸的經驗」又沒有辦法餵飽肚子。

要運用投資的方式來累積財富，心理上就必須先準備好面對投資「沒有功勞與苦勞，只有輸贏」的現實面。

「保本」與「避險」是一種行銷話術

大部分國家的證券管理機構都明文規定，除了債券與銀行定存，不能有聲稱「保證收益」的金融產品。但是為了金融商品的銷售，就有一些金融機構使用「保本」的名詞來吸引客戶。

在客戶的眼裡，「保本」的隱含意義是風險降低，是進可攻，退可守的「完美無瑕」投資金融商品，這是對的嗎？

首先，保本所保的是所投資的「名目本金」。不管保本的期間有多長，保本的金額就是你的原始投入資金，到期了，原始投入資金歸還給你，或許會再加上一點點的投資獲利，但是在這期間發生的通貨膨脹問題與利息收入是不會被計算在內的。

從經濟學的「機會成本」來看，「保本」所要付出的代價是利息收入沒有了，以及通貨膨脹所造成的幣值貶低的負面影響；就算利息不算在內，至少通貨膨脹也要算，「保本」並不是不要成本的，只是你會忽略成本的存在。

這裡我們先瞭解一下名目收益與實質收益的概念，「實質收益」等於「名目收益」減去「通貨膨脹率」。保本的真正意義不是在「保本金」，而是要「保本金加計通貨膨脹」。

假設一年定存的利率是二．五%，年通貨膨脹率是三%，那一年保本的機會成本（通貨膨脹率）就是三％，保本三年的機會成本就是九％（三％乘以三）。如果保本三年的投資總獲利率是六％，你覺得好高興喔，三年有六％獲利還保本喔。實際總結下來，保本的三年「實質」總獲利是用六％減九％等於負三％。若是直接存定存，三年會有七．五％（二．五％乘以三）的名目利率收入，而計算「實質」總獲利是七．五％減九％等於負一．五％。這三年保本的實質總獲利比三年定存的實質獲利還少了一．五％，這保本的獲利結果顯然有差。

有沒有保本？有！但事實上是虧損更多的，縱使有賺，也賺比較少，虧在通貨膨脹的負面影響。這就是「保本」的行銷話術陷阱！

保本對於期限的要求都在一年以上，甚至於有五年的金融商品，若是中途要贖回或取消合約，那是不保本的。「保本」的行銷過程中，對於中途贖回或解約的影響通常說不清楚，等哪天真的需要用錢時，你就被掐住了，解約也不是，不解約也不是。

一般而言，強調「保本」的產品，獲利都不會太好，因為它大部分的資金都運用在「保本」的操作上，「天下沒有白吃的午餐」，「保本」是有操作的代價的，千萬不要想著「要馬兒跑，又要馬兒不吃草」。

有許多金融商品原本的設計是為了「避險」，如股票的指數期貨、石油期貨、農產品期貨、選擇權等等衍生性金融商品，但是卻被人拿來進行投機交易，其結果是「風險越避越大」，風險有沒有避到不知道，但是卻是賠了一屁股的錢。這些所謂的避險工具是給那些「風險偏好者」使用的，是風險很大的金融工具，不要被「避險」的名稱給唬住了。

期貨的本質是避險，所以都是採用保證金的槓桿交易模式，就是一百元本金可以作到兩千元的交易金額，槓桿倍數二十倍。運用期貨來避險的理論是對的，只是貪婪的心理作用，使得你避險避過頭了，反而去承受額外的風險；這就是避險避過頭而產生的風險。

你投資一百萬元在股市中，又何必用另外一百萬元的本金去避險操作五百萬元的股票期貨指數呢？投資本金與避險金額不對等，這顯然本末倒置了，風險越避越大。若是你想當一個「風險偏好者」，賺取風險偏好的利益，那就有風險偏好者的操作模式，不是一般人可以操作的。

有位要移民加拿大的醫生，原本準備了兩百萬元加幣（約新台幣四千五百萬元）要移民使用，而所謂的「投資顧問」說服他，說要幫他規避加拿大幣的匯率波動風險，醫生就給了投資顧問約等同五十萬加幣的新台幣當作保證金，去進行「外匯保證金交易」以規避匯率波動風險。三個月的時間裡，東買買，西賣賣，結果把五十萬加幣的保證金給賠光了。

兄弟呀，避險有避險的操作方式，不是隨便買來賣去的。移民就是移民，新國度，新生活，哪裡需要匯率避險呢？

有家企業百分之九十的產品都是外銷，在美國、墨西哥、越南、中國等地方都設有工廠。為了進口與出口的需求，財務長除了新台幣兌美元的遠期外匯交易以外，也與許多銀行承作美元兌日圓、歐元兌美元的遠期外匯交易。因為央行嚴格控管企業承作新台幣兌美元的遠期外匯交易，所以交易量不至於太離譜，但是央行對於美元兌日圓與歐元兌美元的遠期外匯交易就沒有在嚴格控管，加上銀行那些美女專員的攻勢，財務長就手癢癢的，整天殺過來又殺過去。

有一天，董事長父親要長期住在美國的副董事長兒子盡快回國，因為營運情況良好的公司居然外匯資金要斷鏈了，有一些遠期外匯交易快要無法交割。副董事長緊急回國後，花了近兩週的時間調查，發現是財務長避險避過頭了，潛在的「未實現匯兌損失」累計超過五千萬美金，真是越避風險越大，幾乎要了公司的命啊！後來財務長也因此被撤換職務，改調為董事長特助。

有一家企業，建一個廠就需要近五百億新台幣（約二十億美金）的資金，可謂家大業大。因為所需資金龐大，各個銀行常常派人去走動，希望有什麼業務可以配合一下。這企業的財務人員常常以一億美金為單位在外匯市場進進出出，特別是美元兌日圓的部分，一個晚上可能有幾億美金成交額，財務人員說，許多設備要從日本進口，所以要避險。避險的確需要，進口要避險，出口也要避嗎？這不就是幫銀行創造業績？避險金額運用「進口與出口的總差額」就是了嗎？雖說是避險的需要，但是交易金額明顯超過避險的需求。

台灣諺語說：「青盲毋驚大銃。」（眼盲的不怕大槍。）這企業作不下來，風險太大，避險避過頭，就是投機，就是賭博。雖然投機是一個機會，但賭博賭久了，就是一定會輸的，果真，一年多之後，這企業就被併購了。

投資學的「七二法則」

在投資學上，有個非常著名的「七二法則」。這條法則的意思是，用七十二除以任何的利息或報酬率，所得出的數字就是要讓原來的本金增加一倍時，所需要的投資時間。

假設某個金融商品的報酬率是七％，用七十二除以七得到的答案是一〇．二八，我們抓個整數是十，也就是說，當你放一千元進去，那麼經過十年之後，其金額會增加了一倍變為兩千元。

七二法則在投資學中是個非常簡單易懂、用於衡量報酬率的簡易計算方法，由於報酬率涉及到複利的計算，通常也會有小數點、百分比在其中，要詳細計算勢必得用到計算機；而七二法則就是一種最快的粗略計算方式，它很容易就能讓小資們明白，需要花多少時間可以讓手裡原有的錢增加一倍。

小資的智慧

・小資們，不要心急，財富累積是緩慢的，因為需要時間學習如何管錢。
・小資們，太貪心，怕虧錢，都不要進股市，容易出事。
・小資們，跟著自己的「交易計畫」精確執行，就不至於出現太大虧損。
・小資們，不加思考呆呆的進場，後果就是被套牢！
・小資們，要確實明白價值與價格的差異，才能採取適當的交易。
・小資們，錢少，不聰明，膽子小，心思不細，投機交易看看就好了。
・小資們，對付風險就是要有最美好的期待但隨時做最壞的打算和退路。
・小資們，在金融市場中，沒有「專家」，只有「輸家」和「贏家」。

第八堂

充滿陷阱的金融市場

「金融市場效率」的爭論

「金融市場效率」理論是在一九七〇年代，由美國經濟學家尤金・法馬（Eugene Fama）所提出的。它的概念是，市場的參與者進行投資決策的時候，在沒有「時間差」的影響下，所有的參與者應該會「同時」的接受到同一個訊息，而進一步反映在價格波動上。也就是說，市場價格有效率的反映所有參與者對於同一消息的態度，那就代表這個市場是公開透明的。

這是一個很重要的金融投資市場的理論與假設。但事實上，金融投資市場的運作並不完全是這樣子的，金融市場時時刻刻有一些檯面上或檯面下的訊息在流竄，真真假假無法辨識，在許多時候甚至是有人刻意放出來的消息。

在進行投資決策時，總是有一些參與者能夠比別人早「那麼一點點」的知道訊息，因此可以提早作出投資決策，進而賺到額外利益。這事實顯然推翻「金融市場效率」理論的基礎，因此，「金融市場效率」一直有爭論，但是許多人依然接受這個理論。

對學生而言，這個假設是對的。對市場參與者而言，這個假設是有問題的。

在國際外匯市場上，各國央行有時會進場干預匯率，以避免過度的升值或貶值，當交易員在螢幕上看到央行干預的消息，再去確定消息的準確性，至少第一輪的交易與波動已經結束了，這時間只不過是幾秒鐘而已，但就是這幾秒鐘的「那麼一點點時間差」，已足以證明「金融市場效率」假設是有問題的。

投資學的「風險分散」理論

投資可以分成「集中投資」和「分散投資」兩類。集中投資是將投資資金集中在特定的金融商品或是全部押在房地產上，目的在於極大化獲利。分散投資則是將投資資金分成幾個不同類別去投資，分散的目的在於降低風險。

「風險分散」就是「不要把雞蛋放在同一個籃子裡」的意思，要避免雞蛋一次被完全打翻，就分開放在幾個不同的籃子裡，一個籃子被打翻，其他籃子的雞蛋還能完好無損；也就是說，當一項投資虧損了，損失的只是那項資產而已，還能保有其他項的投資。

「風險分散」的投資可以從幾個不同的角度去切入。

從「時間」來看，可以分為長期、短期與超短期的投資，理論上，時間越長，風險越低，從時間上分散，進而降低整體的投資風險。

從「產品種類」來看，有股票、期貨、債券與衍生性金融商品等不同類別，每種商品的各別風險不盡相同，分散投資在不同類別，就能降低整個投資的風險。

從「產業」來看，投資在不同的產業別上，也是降低整個投資風險的一種方式。

從「區域」來看，不同的地理區域有著不同的風險，當把投資分散在不同的區域，就能降低整個投資的風險。一般而言，自己所在國家的風險是最低的，因為區域風險隱含著「匯率的波動風險」。

從「交易管道」或「對手」來看，不同的交易管道或對手，有著不同的不履約風險，任何交易管道或對手都可能出問題而無法履行交割義務。

至於「分散投資」和「集中投資」哪一個好？那就是見人見智的事了，端看你的風險偏好度有多大，難有一個定論！

貪婪的人性就是投資的最大弱點

所謂「貪婪」也就是「想要更多」或「追求更美好」，簡單的說就是「不知足」。事實上，這是人類進步的原動力，是人類文明進化的原力。

金融市場是一個血腥叢林，人人都不知足，人人都無比貪婪卻又無比膽小。在這可以看到最清楚的「人性」，特別是「貪婪的人性」。在貪婪的人性作用下，許多事情會被扭曲而變得奇怪，光怪陸離的事特別的多，許多人為了獲取利益，搞出很多法律法規所不允許的事或產品。

絕大部分的國家都明文規定金融產品的所有文件上都不能有「保證獲利」的字眼存在，舉凡股票、外匯、期貨、債券或衍生性金融商品，都不能說「保證獲利」。你可能會奇怪，債券與定存也不行嗎？事實上，在債券的持有期間，賣出債券是有可能面臨資本虧損的，而在定存的存續期間，中途解約定存是可能面臨不計息的局面。

但是偏偏一堆投資人的心態是「不保證獲利是不會買的」，因為怕虧損的風險。照理說，這種投資人是不應該參與市場的，只是這種人的錢還恰好特別多，也因此，許多不法分子會想出「保證年獲利一〇%」口號的各類金融產品給這種投資人。

在二〇二三年，有一個只在國外註冊的基金宣布倒閉。這基金號稱保證年獲利八%，在台灣非法吸金近一千億新台幣，受害者超過一萬三千人，其中有幾個人甚至投資超過十億新台幣。你只能感嘆，「台灣人真的很有錢，也真的很笨！」

有時候會聽到投資人問銷售金融商品的業務，「這個有保證嗎？」業務都會回說：「我保證，一定沒問題啦。」這句話有用嗎？有用，投資人可能會因為聽你的、相信你而投錢，但是沒有實際用處，因為沒有法律效用，萬一出事了，業務無法跟你保證任何東西。

幾年前，有位客戶執意要匯走百萬美金，去投資一個註冊在巴布亞新幾內亞的外匯基金，其投資賺錢的管道是二十四小時的外匯市場，操作模式是AI運算出來的結果。這基金號稱每個月的保證獲利超過一〇%，十個月就可以回本，兩年就賺到翻天！如果不是上帝的恩賜、天使的禮物，世上怎麼可能有連我這種專職專業的聽了都眼紅耳聾的東西？明知其中有問題，但是錢是人家的，我只能勸，客戶問我：「你有這樣子的東西，我錢就留下來。」我回說：「沒有，這個不能有。」最後，錢當然匯走了。幾個月以後我再聯絡客戶，接電話的是他的孩子，回我：「他被騙走兩百萬美金，生病住院了。」我追問：「不是只有一百萬而已嗎？」他的孩子說：「因為剛開始的幾個月真的每個月有一〇%獲利，所以後來又再加碼了一百萬，一共兩百萬美金。」

你要人家的「利」，人家要你的「本」，到底是誰聰明、誰笨呢？

小資們，保證賺錢的金融產品就是騙局，請放棄吧！

「長期持有」也要有停損或加碼的策略

許多人奉持「股神」巴菲特的長期持有理論為圭臬，但是其結果往往不是想像中那種獲利的結果，反而常常碰到地雷股。為何會如此？

巴菲特對一個有興趣的公司股票，往往研究幾個月而後才出手，而且是不帶任何情感的研究。請問：你為你的長期持有股票花多少時間研究？

幾年前，有位朋友退休了，拿了一千五百萬的退休金。他看好台積電，因為這是他的客戶，於是就投了一千兩百萬買進台積電，心想從此可以快樂過日子了。只不過，人生的劇本都不是自己能掌握的，幾個月以後，全球股災，台積電股價幾乎腰折，自六八〇元的高點跌破四〇〇元。

他無法忍受那種「不賣不賠」的日子，他的專業告訴他要「停損出場」，因此認賠賣出，一算，賠了近四百萬元，只是，他出場之後幾天，台積電的一位高層宣布「質押持股，加碼台積電」，從此，這支股票反彈到近六〇〇元，再接著上漲突破千元大關。

我們常常說在戀愛時，是因為誤解而在一起，因為瞭解而分手。這位朋友買進台積電打算作「長期持有」，卻好像是因瞭解而在一起，因誤解而分手，只能說：「時也，命也，非我所不能也！」也只能幫他嘆息：「可惜呀！可惜呀！莫道曾經擁有！」

「長期持有」常常會有一個爭論，若是要「長期持有」，那還需要設定「停損出場」嗎？該設在哪個價位？

經驗告訴我，「長期持有」要設停損出場，價位設在虧損五一%的位置。因為再大的股災，也不能讓再怎麼好的股票自市場高點跌破五〇%的價位，一支股票會跌破五〇%的價位，一定有其他比股災更加嚴重的事，極可能是公司本身的營運出了什麼問題。

有位女企業家朋友在面對所持有的股票虧損時，採取每再下跌一〇%至一五%就再加買相當於原有投資金額的數量，股票越跌，買越多，很有計畫的執行。她深深相信，好的股票不會跌超過三個一五%的幅度，也就是四五%的幅度，連續幾次加碼，在她覺得快要沒錢再加碼時，常常是所買股票的底部型態出現，展露出反彈的契機。

她能夠如此操作的原因，首先是所購買的是能夠長期持有的股票，其次，這些能長期持有的股票是她所熟悉的行業，再加上她有足夠的資金，以及有堅定的執行計畫與決心。過去二十幾年，這位朋友好像沒賠過錢，勝率極高，也因此，每次股票在持續大跌時，她就像「打了雞血」一樣的興奮，因為她已經準備好要進場了。

小資們要記住，就算長期持有也要設定好「停損出場」，這總比「被下市出場」要好吧！

要贏，就要比別人更專業、更努力

金融市場是個「叢林」，是個生死場所，沒準備好千萬不要進場，不然會被「生吞活剝」的給宰了。投資贏家能贏不是因為運氣好或八字好，而是努力獲得的。在金融市場的生存法則就是要比別人更悍、更兇猛，要贏，就要比別人更專業、更努力！

成功的贏家會花九九%以上的時間作研究，只用一%的時間進場交易，因為這一%的交易時間也只不過就是一個動作而已，它是九九%以上的時間作分析研究的結果。姑且不論勝敗，進場時的心態一定是「只打有把握的仗」。

進場交易時，無論做多或是做空，都要知道自己每筆交易的原因、目的、目標、獲利點與停損點。必須把行動的原因和目標謹記在心裡，或是白紙黑字寫下來，當回頭檢討的時候，就會非常清楚問題點在哪裡。

不要把輸贏看得太嚴重。俗話說：「在哪裡跌倒，就從哪裡爬起來。」跌倒沒有關係，這是每個投資人必經的事，一個小小的停損，不會傷害到你大部分的資本和信心。賠錢的時候，回頭檢視一下先前的交易計畫，分析為什麼會賠錢？是因為交易計畫不夠細密，還是心態上過於急躁？檢討完重新再站起來繼續向市場獲利挑戰，無論昨天有多麼糟糕，你必須以美好的心態來迎接每個今天，因為，今天的市場才是你的希望。

市場是由很多人共同架構，共同參與運作的，市場交易則是由成千上萬個人所共同形成的。市場會漲，是因為大部分人認為它會漲；會跌，也是因為大多數人認為它會跌，這並不是由你一個人所能決定的。你認為市場會漲，它漲了，代表你的想法跟多數人一樣；你認為市場會跌了，這也不是你厲害，而是你跟大部分人的思考邏輯是一樣的。所以，必須時常去瞭解其他人在想什麼，其他人可能是你的夥伴，也可能是你的對手。你看多，他看空，那他就是你的對手，那就是比拳頭大小囉！你看多，他也看多，他就是你的夥伴，那就是在愛的路上有你也有我！

走出去多結交幾個志同道合的朋友，交換意見是很重要的，當你能夠瞭解其他人的想法，你採取正確行動的可能性就會大很多。要多與贏家在一起，對你而言沒有傷害，多吸收贏家的靈氣對你的想法是有幫助的。

所謂的「題材」就是證券公司與媒體所炒作出來的「新聞標題」，幾乎每隔一小段時間就會有新的題材出現，新聞標題吸引人的目光，所以人就會去追捧股票，去跟買。但是在一陣風潮之後，海潮退去了，卻發現你可能是那唯一一個還留在海上漂流的人，你除了賠錢以外，還有剩下什麼嗎？對於「題材」，要先檢視其真實性，再看其影響程度，想清楚，再進場，千萬不要盲目跟進，附和所謂的「題材」。

市場不是要去征服的，市場是需要愛的。就像漁夫不會想要去征服大海的風浪，而是去愛、去理解大海，因為大海提供給他生活的一切。你也不應該對市場抱持著征服的心態，「征服」是一個自傲的人對別人所講的話。要尊敬市場，謙虛的對待市場，而不是去征服市場。市場就是一個親密夥伴，它的外在表現就是趨勢，趨勢是你的愛人，千萬不要跟市場鬥氣，而是要跟它培養感情。你必須與它培養感情，才能知道市場趨勢要往哪裡走，認清市場的趨勢，你才能從中獲利！

為什麼大多數人都是那八〇%的輸家

金融市場流傳著一句話：「二〇%的投資人賺走八〇%的財富。」你是那二〇%的贏家，還是屬於八〇%的輸家？想當然，我們都想要做那二〇%的贏家，但事實是，大部分的人是輸家。為何如此？就是「利慾薰心」而已！

絕大部分的投資人要進場的前一刻，心中所勾勒出來的藍圖是青山綠水、陽光普照的一幅美麗景象，把人世間所有的美好都想了一遍。面對空中樓閣般的虛幻利益是一片歡喜與期待，面對叢林般的真實殺戮卻是毫無所悉與無知。

夢想與事實往往是相反的。當你想著「一步登天」的利益，那事實往往就是地獄般的虧損出現在你眼前，只因為你用想的就進場交易，並沒有好好規畫你的「交易計畫」，一出現狀況就手忙腳亂的。當你想著「形勢大好，快押下去，下半輩子就看這一次了」的時候，那事實往往就是「你是市場的最後一棒」，恭喜你買在市場最高點！在如此情況下，要說你不會賠錢是騙你的。

更多的狀況是，明明是打算短期跟一波就走，沒想到跟上的是持續的下跌，卻又偏偏捨不得認賠出場，只好死命的抱好、抱到底。面對虧損時，就是「鴕鳥」的心態，反正「不賣不賠」嘛。

你說，你成為那二〇%的贏家的機率會有多麼的渺小呀！

小資的智慧

・小資們，保證賺錢的金融產品，就是騙局，請放棄吧！
・小資們，設「停損出場」總比「被下市出場」要好吧！
・小資們，金融市場是累積財富的「時間的幾何倍數法」，但是要小心應對。
・小資們，在金融市場要贏，就要比別人更專業、更努力！
・小資們，「題材」是媒體炒作出來的「新聞標題」，千萬不要盲目跟進。
・小資們，面對利益與虧損都要以「平常心」看待，利益與虧損是對等的。
・小資們，對於投資要「眼觀八方，耳聽四面」。

第九堂

股票

要在股市賺錢是很難的，但並非無法破解

股市給人用錢賺錢的機會，在許多人眼中，股市簡直就是一塊福地，紛紛抱著「有為者亦若是」的心理，前仆後繼的投入其中。然而，這個「有經驗的人獲得很多金錢，有金錢的人獲得很多經驗」的地方，根本就是一個殺戮叢林，進去之後能完整出來的人不多，能帶著財富走出來的更少。

這讓我想起，某次跟一家證券公司的少東在他們家的營業大廳聊天，他指著一位坐在角落的白髮老婦人說：「她先生是婦產科名醫，多年前過世了，之後她就每天來營業大廳看看盤。」我說：「這樣很好呀，至少有人可以說說話嘛！」少東回說：「是啦，只是這個代價不小，她已經賠掉台北市中山北路的三棟透天店面了。」

股市流傳著一句話：「股市裡騙人的鬼比什麼都還多！」在股市，若是還沒有被騙過，代表你還不是個「咖」。那些所謂的股市「專家」常常是「專門騙人家」，真的是「寧願信世間有鬼，也不要信股市專家」。

股市裡還流傳著一句話：「只有三種人可以在股市賺得到錢，第一種是從事內線交易的人，第二種是真正的股市高手，第三種則是跟隨高手操作的人。」真正的股市高手是不會拋頭露面

的，他待在家裡就會有大筆的錢進口袋，又何必要拋頭露面的賺小錢呢？你想想，那些在電視上聲稱「聽我的，包你賺錢；不聽我的，就住套房」的專家們，若是真的那麼好賺，又何必花錢上電視呢？

在股市賺錢很難的原因之一是騙子太多。前一陣子，有位朋友打電話給我，一開口就抱怨，他剛剛被騙走了五十萬元。這位朋友平常可是摳得半死，沒想到他也會被騙？原來是他的一位好朋友莫名地轉發一個 LINE 的聯絡資訊給他，說是只要加入好友就可以帶他在股市賺錢，已經有許多成功的實例。這朋友一輩子沒買過股票，但因為是好朋友轉來的訊息，他沒有多懷疑就加了對方，或許是電話那頭的聲音太過甜美，他連對方的面都沒見過，竟然就匯了二十五萬元過去，不到一週的時間，對方回報說已經獲利將近十萬元，催促再匯二十五萬元進去加碼乘勝追擊，這位老兄也傻傻的把存了十幾年的私房錢再匯過去二十五萬元。過兩天，他開心想著「不知道賺到哪裡去了」，再 LINE 對方詢問，對方不讀不回，失聯了，五十萬元就這樣飛了！

曾經見過一位高手，是證券公司的副總經理，在台積電還沒有上市之前就持有台積電的股票，上市之後，他等到接近百元的價位才出脫；要知道，台積電成立的前十年是十分辛苦地在經營，其股價起起伏伏的，這老兄就這麼有耐心的等著。台積電股票出脫之後他隨即退休，之後有許多人手捧現金要請他重出江湖當證券公司董事長，他都沒有答應，只是住在台中的山區，每天釣魚、看夕陽、過日子，聽說後來他又投資了聯發科、Google、Apple 等等，看得很準，這老兄算是股市少有的「神人」。

大部分的人在股市是賠錢的，只因為股市是人性的試煉場，「貪婪」與「恐懼」永遠伴隨著你，使得你食無味，睡無眠。想要在股市獲利，就是要先戰勝人性，克服「貪婪」與「恐懼」，戰勝人性之後，得要用錢買經驗，只有輸錢的經驗才能讓你「趨吉避凶」與「永保安康」。若是錢不夠多，等你買到足夠的經驗時，可能已經一貧如洗，無力回天了。

要在股市賺錢是很難的，但並非無法破解，小資們想在股市賺錢，要先克服「貪婪」與「恐懼」的人性，還要多讀書，多吸收投資的知識，對於不懂的，千萬不要碰。

投資經營者的「腦袋」

拉開三十年或五十年的整體股票市場曲線圖，其走勢都是往上的，其中會有幾年的下跌走向修正，但是最終還是會再上升的。這是股市「長期持有理論」的最重要基礎。這個立論是對的，但是絕大部分股市所交易的是「個股」，是一家一家的各別公司，若是公司經營不善或市場環境改變，公司可能會消失，其股票會下市，所以不是完全像「長期持有理論」所講的那樣簡單。

在股市投資上是有技巧與方法的，要在股市投資上維持勝率，首先要克服「貪婪」與「恐懼」的心理，接著要「慎選公司」。要投資股票，就要以投資「優秀腦袋」的想法來購買股票。

談到「優秀腦袋」，第一個想到的往往會是董事長，董事長是一個企業的靈魂人物，肩負著企業或組織的未來計畫、發展和展望，也執行股東交付給他的任務。一個好的董事長能夠為企業制訂出一年、三年、五年甚至十年的短程和長程計畫，能夠帶領企業通過客戶以及市場上種種的障礙和困難。觀察一個董事長是否具有「優秀腦袋」，要看他是否能全心投入企業的發展和建設，還是心有雜念？在這個領域是否有足夠的專業與經驗，或只是一個「人頭董事長」？這些資訊對於投資人都是非常重要的。

「優秀腦袋」也代表著經營團隊。經營團隊的好壞會決定公司能否生存，好的經營團隊不但能夠帶來好的產品和服務，更能吸引客戶，擴張業務，增加公司的盈餘，最重要的，能夠為股東帶來豐厚的股利。反之，糟糕的經營團隊除了勾心鬥角之外，什麼都不會，對外做不好業務，對內搞不好內控，最終的後果就是公司倒閉，受損最慘的還是股東。因此，經營團隊的素質如何，是否享有盛名與經驗，夠不夠專業，都是公司成敗的關鍵。

「優秀腦袋」也包括產業經驗。這間公司是新成立的嗎？這個產業是新的嗎？在產業中，這家公司具有領導地位嗎？它的領導地位是來自於資金門檻、技術門檻，還是產業經驗值的門檻？這些因素都是投資人必須去思考的。產業經驗的好壞以及是否豐富，讓經營團隊和董事長可以預估公司未來的發展可能性，這當然也包括了公司所可能面對的風險。

擁有良好產業經驗的團隊與董事長，可以讓公司在經營上採取適當的、足夠的措施和步驟，進而趨吉避凶，逢凶化吉。相反的，若產業經驗不足的團隊與董事長，很有可能在景氣不好的階段反而作出錯誤的判斷，最終使企業以倒閉收場。

這就是為什麼說要購買股票時，要用購買「優秀腦袋」的方式來思考與進行投資，而不是用炒短線的方式來投資。這個也是「股神」巴菲特的投資概念，也就是「長期投資」的觀念，小資們想要投資股市，就是要建立起這樣的想法。

長期持有的勝率遠遠大於短期

怎樣才算是長期投資？一般認為至少要持有股票三至五年以上才算是長期投資者，但是超過二十年的持股更是常有的事，投資者若是看好公司的經營與成長，會以當股東的心態來看待投資。根據統計，長期投資的勝率遠遠高於短期投資。不過不要因此就誤解了，並不是長期投資就一定會獲利。

我有好幾位朋友買了幾支股票之後，就將其束之高閣，說是要長期投資，要留給兒子娶媳婦用的。幾年以後，請兒媳婦去查一查，發現只剩一支還在，其他的都下市了，連公司都找不到。

有位朋友的女兒出生那一年，Google 剛上市，他就用十萬美元買了一些 Google 股票，跟老婆說，這些股票是要給女兒當嫁妝的，不可以賣。時至今日，女兒已經上大學了，Google 歷經許多次的股票分拆再上漲，總價值已經不知道翻了幾百倍上去。

曾經勸過一位大姐不要去買一支作手機的公司的股票，因為它的手機既沒「蘋果」的粉絲，也沒有「三星」的光彩，大姐聽了竟然罵我：「不愛台灣！這公司可是台灣之光耶。」她在股價一千多元的時候掃了一些貨，因為有「專家」分析說，這支股票「有三千元的潛力」。冷靜呀！這位姐姐，買股票跟愛不愛台灣沒有關係，買股票不能有感情的，買股票又不是談戀愛。它的手機產品品質是可以的，但是銷售成績不好，打不進主流市場；要打進主流市場，得要有資金，得在當地市場要有能人，這家公司都沒有，那就只能望市場而嘆氣呀！東西再怎麼棒都沒用，賣不出去就沒有收入，銷售不佳的公司就是死路一條。時至今日，那支股票的股價只剩下當初的百分之五不到的價格，悲哀呀！

買股票不要感情用事，買股票是理性的行為，要投資只能投資你懂的東西，不要亂聽小道消息，「不懂，不碰」是唯一的原則。

前面講的幾個例子，同樣都是長期投資，為何結果差這麼多？

首先，長期投資要獲利，最重要的在於「選擇公司」。因為長期投資的時間很長，所以公司的團隊、營運狀態、長期經營計畫是最重要的，公司要有前景且對產業有影響力的，才適合長期投資。長期投資所要賺的是「公司價值」，在公司的成長過程中，享受股利和股息這些公司成長的果實。

其次，長期投資選擇股票的原則是「選擇產業龍頭」。產業龍頭是市場的焦點，一舉一動都會有許多人幫你盯著，一有什麼動靜就馬上有一堆人作出分析，你會很容易找到相關報告的。產業龍頭在市場中具領先地位，通常是市值最大、營收最高或是產業獨占，其股票的漲跌往往牽動了同族群類股的表現，是適合長期投資的標的物。不過，請不要認為產業龍頭就一定沒問題，有些情況下，是整個產業沒落消失了，就算是產業龍頭也沒有用。

再來，長期投資不要選擇小型股。小型股因為股本較低而容易炒作，是市場炒手所喜歡的，起起落落適合短期操作，不適合長期投資，碰了就麻煩了。

最後，長期投資不是「不賣就不賠」的鴕鳥心態。雖然是長期投資，還是要隨時注意公司的營運狀況，不要連公司已經下市了都不知道，遇到情況不對，也是要停損出場的。

幾年前，有位朋友拿了他媽媽的股票清單給我看，長長的單子上有十幾家公司，但是其中約三成的公司已經倒閉而下市，有超過四成的公司股票價格還在嚴重虧損的情況，眼下有用的、還算有一點點獲利的，只有剩下不到兩成的公司。這就是「不賣就不賠」的鴕鳥心態，也是長期投資的困境。

小資們要記住，投資股票就要長期投資，其勝率是遠高於短期投資的。而長期投資的重點在於「公司價值」，長期投資的選股在於「產業龍頭」。

最多持有五支股票，因為腦袋太小

多數投資人都有機會接觸到股票、期貨、外匯、共同基金與連動債券等等各種金融商品，在交易之中，必須適當集中，但也必須適當分散。所謂適當集中，是因為資源有限，你的腦容量和記憶力也是有限的，不可能記住全世界所有金融產品的價格，即使這部分你可以有最先進的電腦和軟體輔助，也不可能以有限的資本去買全世界的股票、債券或是共同基金；因此，有限的資金必須作適當的集中。然而，過於集中，投資的風險就會相對擴大，這不符合投資學裡投資組合的分散原理，所以投資人又必須作適當的分散。

根據過去的交易經驗，投資人購買股票，最好不要持有超過五支。投資人必須記得所購買的股票在過去一年、五年、十年，甚至十五年的歷史走勢，必須知道這支股票什麼時候達到高點，什麼時候跌到低點，僅僅把走勢圖拿出來看是不夠的，還必須清楚的知道某年裡的某個價位是怎麼發生的？背後的故事又是什麼？我們的腦袋只有一個，不可能記住那麼多的東西，一般的投資人只要能把這五支股票過去十五年的價格、走勢好好的記下就很不錯了，再多也不是不行，只是效果可能會遞減，從而影響你的交易決策。

投資人會對腦中所記下的這些股票產生感情，就跟戀愛一樣，戀愛的感覺會使投資人對這些特定的股票有特別深刻的認識，如同前面章節所講的，「趨勢是你的愛人」，獲利的投資人又怎麼會記不住愛人的長相（歷史走勢）呢？投資人記住這五支股票在過去十五年價格高低的趨勢，就有機會抓住進場與出場的價位點。這就是不要過度分散的道理，而且要適度集中。

全世界的股票好比弱水三千，而你只取那一瓢飲。全世界有幾十萬支股票、幾萬種共同基金，但是，只要買到一個賺錢的就好了，買那麼多不會賺錢的做什麼呢？

賺錢才是我們投資的真正目的，必須作適當的分散，但又必須集中；分散和集中並不矛盾，希望你可以瞭解其中的奧祕。

「當沖」，當心衝破你的龍王廟

「當沖」就是今天進場交易，今天就獲利或停損出場，再晚也不過是明天一定出場。這樣操作的好處是不必準備那麼多的股票交割股款，這等於是放大倍數的「槓桿交易」。

每天都有一堆人坐在螢幕前，殺過來又殺過去，一聽到什麼馬路消息，不經過求證，就像一隻無頭蒼蠅的殺進去。試問，有多少這樣子的人賺到錢？很少，幾乎沒有。那為何要如此作呢？「笨」是唯一的解釋。

要作當沖，是要有專業技巧和資金的。

有位企業的老闆，事業作得很好，但覺得生活有點無聊，就玩起當沖，他鎖定一支小型的銀行股，手上持有這間銀行的很多股份。每天在開盤後半小時，他會參考當天的大盤走勢而決定如何操作，若大盤是大漲或大跌，那就「順勢」操作；若大盤是小漲或小跌，那就「逆勢」操作，營業時間結束之前再補回，萬一結束之前補不回來，那就全額交割，反正他有股票也有錢。為了隱藏交易，每次下單都分別在三間證券公司，而且價位各別差一檔，時間相差約一分鐘。他每天就拿著一杯咖啡，同時操作三台電腦，每台分別連線一家證券公司以避免混淆，有時候還有第四台電腦是用來在空檔追劇的，錢就這樣滾進他的口袋裡。他就像是個「獵人」，好整以暇的等著獵物進到籠子裡面，只是，他的「獵物」很可能就是搞不清楚狀況就呆呆投身到股市裡的你。作當沖要贏，先要準備好雄厚的資金，戰場上在比的是誰的子彈多，先鎖定幾檔股票，要知根知底的才有底氣去操作。

小資們，如果沒有那樣的專業、時間與資金，當沖不是你可以玩的。

「融資」與「融券」也是要小心。

融資是跟證券公司貸款買股票，有點類似跟銀行貸款買房子，既然是貸款，就要計算利息，這個利率是屬於「信用貸款」的性質，因此比銀行的貸款利率高出數倍，證券公司只收利息，不共攤賺賠。融資的比例通常是六〇%到五〇%，其餘的四〇%到五〇%就是投資人自己需要準備的交割金額。譬如以一張股價在六〇〇元的股票來計算，融資比例六〇%，自備款四〇%，要全額買進一張股票需要六十萬元，利用融資交易，自己只需要準備現金二十四萬元（六十萬的四〇%），剩下的三十六萬元使用融資額度，等於用二十四萬元現金承作六十萬元的交易，這筆交易的槓桿倍數是二．五倍（六十萬／二十四萬）。這是擴大獲利的一種方式，但是不要忘記，擴大獲利的同時也是擴大損失的風險，一刀兩刃。

融券交易是投資人向證券公司借入股票後先行賣出，之後再在市場買回股票，償還給證券公司。通常是不看好市場前景的情況下，先借入股票去拋售，等日後價格下跌了，再補回股票還給證券公司，融券使得股票交易可以多空靈活操作。

一般情況下，融券的最低保證金為九〇%，也就是說，要賣出一張價格為一〇〇元的股票，股價共計十萬元，融券交易需要準備九萬元的保證金，外加〇．〇八%的融券借券費。

為了避免槓桿倍數太大，會有「維持率」的計算，「融資維持率」等於「股票現值」除以「融資金額」，「融券維持率」等於「融券擔保品」加上「融券保證金」之後再除以「股票現值」。一旦無法維持「維持率」就會被追繳保證金，若無法在時間內補繳保證金，那證券公司就會將之「斷頭」出場。

當市場中融資交易的融資金額增加，顯然是對於後市有看漲的空間。當融券交易的融券金額增加，則顯然是對於後市認為有下跌的空間。

有位年輕的朋友是保險銷售，有天忽然告訴我他要離職，因為作融券交易斷頭賠了五百萬。對於一個剛出社會沒幾年的孩子而言，這真是有如烏雲罩頂，一問才發現，原來是他自己的疏忽。每年有兩次融券回補的日子，一個是股東會，另一個就是除權息，因為股東會之前需要製作股東名冊，除權息之前要強制還給原股票持有人，他因為沒有來得及在公司要開股東大會前補回來，因此而被斷頭。作融券交易的人，這麼重要的規則竟然不知道，這不是找死嘛！

小資們，「融資」與「融券」就是要熔掉你的棺材本，沒有那樣的專業與時間不要去玩，沒賺到沒關係，不要賠了就麻煩大了。

不要只會買，也要會賣

在股市裡，似乎只要會買進，就成了專家，不管是三姑六婆還是宰豬宰羊的，只要買了一支股票，就如同乩童上身，說起股票頭頭是道，要風是風，要雨是雨。你是這樣子的人嗎？曾經有一本書上說：「隨便買，不要賣，一定會賺錢。」你覺得呢？

如果說「隨便買，不要賣」就會賺錢，那和抽籤、抓鬮、擲骰子有什麼差別？基本上，這個是統計學的「平均分配」概念的運用，根據經驗，三個月以上的預測只有五〇％的正確率，這跟擲骰子的機率是一樣的，只是猜大或小而已，我們又何必把自己辛苦賺來的錢拿來賭博呢？

「隨便買，不要賣」是一個很笨的行為。人笨沒有關係，不要因為笨而感到自卑，因為我們是可以透過學習來改進的，人應該自卑的是沒有學習的能力，也不知道要改進。

如果你真的是要長期投資，那也就罷了，但如果你一輩子都打算抱著股票不放，那你又何必買進呢？你買了一支股票，卻永遠都不肯賣掉它，那你乾脆就在那間公司上班算了，何必去買它的股票？

「隨便買，不要賣」不是該有的投資概念與態度。不要只會買股票，還要會賣股票，甚至可以說，會賣股票比會買股票更加重要，但也不要為了「會賣股票」，就像一隻無頭蒼蠅一樣亂七八糟的買來賣去進行交易。

有位朋友的父親是退休老師，他對於股票有一種莫名的偏愛，只要買了，大概就不會賣出去，他所持有的股票公司家數已經快跟市場上交易的股票家數差不多，他的持股根本就是一個「大盤指數」的縮影，而且每家的持股數量還不少，他兒子每年年底都要請假一週，專門回老家去計算他父親的股利股息收入並且作市價評估。這位父親其實缺的不是錢，缺的是說話的人，每次只要證券公司營業員打電話給他「聊天」要他買，他就說「好啦！好啦！買一些」，根本就是營業員的「有應公」。

要成為真正的股市行家，要先學習如何賣股票，會賣股票是更需要技術的，真正的專家就是要懂得買，也懂得賣。

股市贏家的特質

股市贏家的生活是什麼樣子？就一位長期穩定獲利的贏家而言，他的生活是一種規律又簡單的形式，甚至於是近乎無聊或無創意的。早上要幾點鐘起床，起床之後要做什麼事，幾點要到辦公室，晚上要幾點下班回家，之後要做什麼事，全都是非常的固定且規律，這種生活方式在許多人眼中看來是否很可憐、很無聊呢？

維持一個有紀律的生活，是成為投資贏家的條件，雖然不是決定性的必要條件，卻是具有重大的影響力。贏家要用規律的方式過日子，是為了讓自己有更多的時間、體力與精神，去審視、觀察、聯想、推論整個市場的脈動。一些談論到投資大師的紀錄影片或傳記中，多記載著投資大師們的「紀律生活」；許多投資大師認為，紀律的生活是對於信賴他們的投資人一種負責任的表示，因為唯有在有紀律的生活之下，才不會做出一些違反紀律的事情。

可能很多人會誤解，以為贏家的生活裡面，大部分的時間是花在作投資這件事情上。坦白告訴你，根據經驗，一位長期穩定獲利的贏家，絕大部分的時間是在作分析而非作交易，交易不過是一秒鐘之內的一個買賣動作，但這個動作卻是需要投入九九％以上的時間，去進行分析與論證之後才能醞釀出來的。

贏家通常是樂觀的，再不好的事情在贏家的眼中也有其好的一面，「樂觀」就是一種處世的心態。譬如說，在行情極度絕望，不斷下殺的過程中，他可能會有「下殺不錯啊，再繼續往下跌一點，或許就會是一個不錯的進場點」的樂觀看法。又譬如說，當面臨著停損決策時，他會認為「錯了就是錯了，就承認吧！反正留得青山在，不怕沒柴燒」，毅然把不好的投資部位給停損處理掉。

贏家的這種樂觀態度，把輸贏看作談笑之間的事情，是一種氣魄與智慧。想成為贏家，你必須培養這樣的大氣魄，就算是賠錢也不會牽動情緒；就算賠掉了大筆的金額，依舊坦然面對輸贏。

根據心理學家的看法，不管人有多大的智慧、毅力或決心，只要心存悲觀，並以此態度去看待所有的事情，成為輸家的可能性就會很大；因為悲觀會讓人失去意志、失去理性，悲觀會讓人做出錯誤的決策行為。投資過程中，投資行為的決策必須十分精確與即時，在悲觀的心態下，作出正確的決策是很困難的，因此成為輸家的機率相對也很高。

在金融與經濟分析的領域中，總有一些人永遠都認為目前的股價太高、油價太高、金價太高、政府負債金額太高、通貨膨脹率太高、利息太高……，全世界的金融與經濟體系正面臨崩潰的邊緣，誰要是買了股票或進行任何投資，誰就是倒楣賠錢的傢伙。在某種程度上，這些人所提的論點、分析與看法是滿好的，是有警示作用的，有時甚至是滿正確的；但是，一切就這麼悲觀嗎？不要忘記，景氣循環與起伏本來就是正常的經濟現象，這些「末日大師」們不管在何種景氣之下，總是預測會崩盤，這種說法，就跟「在鳥巢下站久了，一定會滴到鳥糞」一樣，崩盤是一定發生的事情，就像人會病、會死，根本不足為奇。

樂觀一些吧，錢總是要賺的，日子總是要快樂的過呀！隨時保持樂觀的心情，輸贏不過是談笑之間，不要看得太重，不要什麼都往壞的方面想。只要在進場之前規畫好獲利點和停損點，那麼一切就照著計畫來進行，輸贏都會在你的掌握之中。

俗語說：「近朱者赤，近墨者黑。」投資也是一樣的，要成為贏家，最快的方式就是與贏家在一起。與贏家在一起的最大好處，是可以互相學習，藉由這樣的做法，來幫助自己成為贏家的一分子，至少，也不會沾染到輸家的壞毛病與壞習慣。

既然是贏家，那麼必然有其獨到的功夫；如果你本身就是贏家，那同樣意味著你也有獨到的功夫，所以，當與其他贏家在一起時，不應該互相比較，而是要互相學習，互補長短。

每一個人都一定會有缺點，只是自己知不知道或承不承認而已，這些缺點，可是會影響你的投資績效的。當你在內心深處承認自己有缺點時，就會想方法或向別人學習以改善這些缺點，唯有你改進了，才有更大的贏面，也就是說，與贏家在一起，你就會比較容易成為贏家的一分子。

綜觀來說，贏家會有下面這三個特質：

第一是「笨」。這裡說的「笨」不是在罵人，而是一種心態，代表著投資贏家不會靠著小聰明走捷徑，而是會很紮實的把預備工作做足了之後，才會進場交易。贏家是花九九．九%的時間與精力在研究分析上，在為交易作準備，只花〇．一％的時間在交易。

第二是不隨便膨脹。當贏家要進行放大倍數或是槓桿倍數的操作時，一定會加倍小心，就算是發生虧損，只要虧損的金額達到原來設定的停損點就會停損出場。贏家不會無限放大投資的槓桿倍數，唯有如此，才能保持長久的、穩定的獲利。

第三是早睡早起，頭腦清醒。股票交易是早上九點鐘就開盤了，常常看到很多贏家數十年如一日的保持著很好的早睡早起生活習慣，早起之後，花一、兩小時或更多時間閱讀本地及國際市場的所有新聞，瞭解昨天整個市場的波動原因及影響。早睡早起能讓頭腦保持清醒，讓頭腦有足夠的能量思考今天要做什麼交易、如何交易。

想想，在上面三個特質中，你有幾個？如果只有一個，那麼我肯定地告訴你，你無法成為長期穩定獲利的贏家。如果你具備兩個特質，那成為贏家的可能性非常大，但還不能夠掛保證。如果要成為一位穩定獲利的專業投資贏家，那麼這三個特質是一定要的必備條件。

注意「擦鞋童理論」的情況發生

擦鞋童理論，又稱「零股理論」，也有人稱為「阿公與阿婆理論」。這是一九二七年由甘迺迪家族的老約瑟夫・甘迺迪所提出，意指當街邊的擦鞋童都在討論股票投資的時候，就是股市交易達到最高峰之時，之後就會下跌。

以前在美國紐約華爾街的街頭有許多擦鞋童靠擦鞋賺錢，在股市交易熱絡的時候，這些孩子會聽到許多來擦鞋的客人討論股票，但他們聽到的都只是很片面的消息，就開始在彼此之間傳來傳去，甚至還能向客人報「明牌」；到了這種時候，往往是市場的最高點，因為連消息鏈的最末端，社會最底層的經濟弱勢者都能侃侃而談，滿口投資股票的消息流傳，那代表該買的都已經買了，市場缺乏動力再上漲，後勢只能下跌。

「阿公與阿婆」不是指特定的人，而是泛指在一般情況下不會去投資的大眾，這些人往往是所有人當中最後獲知投資訊息的人，或是最後一個想要進行投資的人。當股市非常熱絡，股市消息與行情天天都出現在媒體上的時候，這些人才知道股市一直在上漲，才會考慮要去投資；這些人也因為生活習慣和知識水準等等關係，要去開設投資帳戶對他們來說不是那麼容易的事，等他們開好帳戶並把錢投入股市時，往往已經到了經濟循環的最後一棒了。

二〇〇七年五月的某天晚上，我跟一位在中國大連的朋友聯絡，這個朋友是一家證券公司的執行副總，對中國股市一向有非常精準的解析，我打電話給他，只問一件事：「中國股市現在到底有多熱？」朋友說：「我們證券公司每天早上開門前，就有許多人拿著錢在門口外面排隊，只要大門一打開，幾乎每一家分公司都會擠滿了人，跟菜市場一樣，好像不用管買的是什麼公司的股票，只要買了就一定賺錢，真不曉得這些人是怎麼想的？」

不久後，另外一位在上海作風控的朋友也跟我說：「中國股市已經進入一個『非理性的上漲階段』。這麼多從來沒接觸過股市的人，竟然提著現金來要求開戶，而且好像開了戶，買了任何一家公司的股票，就一定可以等著它們一塊錢變成兩塊錢，完全不用費工夫一樣。」

我聽到這些第一線的情報，心想這不正是確定了「擦鞋童理論」，也就是「阿公阿婆理論」的情況正在發生？於是馬上通知手上所有的客戶，請他們可以出清持股。在不到一年的時間後，果然全球金融風暴發生，當時的狀況只能用「淒慘」來形容啊。

小資們，要投資股市，平時就要多關心市場的變化，千萬不要讓自己變成了「阿公與阿婆理論」裡的主角。

小資的智慧

- 小資們，想在股市賺錢，要先戰勝人性，克服「貪婪」與「恐懼」。
- 小資們，想在股市賺錢，要多讀書，多吸收投資知識才能贏。
- 小資們，想在股市賺錢，不懂的就不要碰。
- 小資們，股票要長期投資，因為勝率遠遠高於短期投資。
- 小資們，長期投資重點在於「公司價值」，選股在於「產業龍頭」。
- 小資們，最多持有五支股票就好，因為你的腦袋太小。
- 小資們，沒有那樣的專業與時間，當沖不是你可以玩的。
- 小資們，樂觀一些，你成為贏家的機會就大一些。
- 小資們，要多關心市場變化，不要成為「阿公與阿婆理論」的主角。

第十堂

債券

新手要知道的債券分類

債券是一般大眾比較不熟悉的投資工具，債券是什麼呢?簡單說它就是一張「借條」，政府機關或是企業機構因為有資金的需求，而發行債券來跟你借錢，然後給你一張債券作為憑證，發行時會明白答應你利息要怎麼算，是每三個月算一次還是每一年算一次，本金是三年、五年還是三十年後還給你，也可能不還給你但是你永遠可以領利息，有一個承諾的保證。

債券基本上是「保本」的，如果你一路持有債券至到期日，債券發行機構承諾要償還本金贖回債券，因此它的性質與定存類似，但是利息比定存要好很多。根據研究，有錢人的資產中，約有四五%是投資在債券上，投資股票的只有約一五%左右，兩者的比例相差甚多。若是投資級的債券，其倒閉的「信用風險」很低，因此很受投資人青睞。

但是，小資們請不要因此就誤解，認為投資債券是絕對不會虧損的。因為市場利率的變動，會使得債券的價格隨之反向變動，就會有資本利得與虧損的可能；而且除非你持有債券至到期日拿到了發行機構償還你的本金，不然還是可能會碰到國家崩盤、發行者倒閉的風險。

債券的種類眾多，小資們一開始常常會搞不清楚，這裡簡單講一下。最基本的就是依照債券「發行單位」的不同，分成：政府債、公司企業債以及金融債。

政府債券（Government Bond）是一個國家的中央政府或地方政府（譬如市政府、州政府）為了籌措資金，向社會大眾進行募資，並且承諾到期時支付償還本息的保證書。全球發行政府公債最多的國家是美國，它的債信評等是最好的，交易流通也最佳，所以有許多國家都會購買美國政府公債來當作國家的「儲備資金」。

在柯林頓總統第二任期的時候曾經發生一件史上少見的事情，就是有多達幾千億美金的財政盈餘，柯林頓政府就把這個財政盈餘拿去買回已經發行的債券；當時債券市場上都開玩笑說，還好美國總統只能連任一次，如果柯林頓當到第三任美國總統的話，我們可能會再也買不到美國政府公債了。

公司企業債是公民營企業機構為了拓展業務或為了改善公司財務結構，依公司法所發行的債券，向政府相關機構申請獲得核准之後，由承銷商代為銷售。

至於金融債券就是由金融機構所發行的債券，它的概念和其中的分類與公司企業債相同，只是與公司企業債相比，金融債券的金額規模會更加龐大。

公司企業債又可以因為還本的方式、擔保情形、配息利率等等因素的差別，而有一些不同的類型。

依「還本方式」來看，「一次還本公司債」就是在到期時，讓持有者一次領回原先的本金與所有的利息；「分次還本公司債」是在債券的存續期間裡，把發行本金與相應的利息分成數個期別來償還，本金最後總值是相同的，只是拆成數次分發；「永續公司債」則是沒有到期日或到期日長達一百年以上的債券，只要發行公司能持續穩定營運，持有者就能每年領取固定利息。

依照「擔保情形」來做區別，「擔保公司債」是發行公司用特定財產作為抵押擔保，以提供信用保證的債券；「無擔保公司債」則是發行公司以本身的信譽作為保證，不會另外提供財產擔保的債券。

從「配息利率」可以分為「固定利率債券」和「浮動利率債券」，前者的票面利率固定不變，於債券存續期間內，持有人會定期獲取固定的利息；後者的票面利率浮動，於債券存續期間裡，持有人可定期獲取非固定的利息；至於「收益型債券」則是利息依發行公司的營運盈餘決定，其金額是不定的。

如果用「股權關聯」來區分，「可轉換公司債」就是債券持有人在特定時間內，能用特定比例或價格將債券轉換成發行公司的股票，這種債券因為有一個轉換股票的潛在獲利機會，所以票面利率都非常的低。「不可轉換公司債」就是持有人在債券到期時，才能獲得本金與利息，無法轉換成公司的股份。

與股票市場類似的債券市場架構

債券的交易市場與股票是類似的，可以分為發行市場（又稱為初級市場〔Primary Market〕）和流通市場（又叫做次級市場〔Secondary Market〕）。

發行市場是發行機構直接「標售」發行債券取得資金的市場，有最低交易金額限制且金額龐大，只有少數被核准機構能直接參與公開發行標售，一般都是法人在交易，譬如政府公債委由公債交易商標售發行，金融債券及公司債則由承銷商與發行公司議定發行利率後進行出價標售。

經過發行市場交易之後要再進行交易就得在流通市場，這裡面又再分為集中或店頭的交易方式。在集中市場裡，買進或賣出的各種報價都匯集在證券交易所，由證交所進行撮合完成交易。店頭市場則是買賣雙方在證券商營業處所，自行詢價、議價之後進行交易，簡稱櫃檯買賣。目前大多數的債券都是在店頭市場進行交易的方式流通。

債券交易中最重要的角色是「市場仲介經紀商」，他們為維持市場流動性與服務客戶交易，會持有不同債券的「庫存」。如果所交易債券金額不大，非市場的主流交易標的，他們會利用庫存來進行交易與拋補。現在許多金融機構提供交易軟體讓投資人可直接下單交易債券，其交易對象就是金融機構或金融機構的「市場仲介經紀商」。

債券的評等分級

投資人選擇債券時，常常會拿來參考的一個標準就是信用評等評級，這是由國際的專業信評機構，透過對一個國家政府、銀行、券商、基金、債券及上市公司的財務報表、經濟狀況、市場因素等各方面進行評估，將它們的各項信用屬性量化，做出標準化的信用評等，讓各機構或投資人能夠據以判斷公司或基金、債券的財務狀況是否健全、定價和風險是否適當，值得投資。

全球著名的國際信用評等機構主要有三家，分別是標準普爾（S&P Global Ratings）、穆迪評級（Moody's Ratings）以及惠譽國際信用評等公司（Fitch Ratings）。這三家的評等方法與評級略有些微差異，但基本上是一致的。

評等分級為A級債券、B級債券和C級債券，每一級之下又再細分為三級。

AAA級是最高信用品質，預期違約風險最低。AA級是極高信用品質，預期違約風險極低。A級是高信用品質，預期違約風險低。

BBB級是良好的信用品質，目前預期違約風險低；被評為此等級以上的都是投資等級，投資級債券最大宗就是BBB級公司債，占全體投資級債券市場超過五〇％。BB級是投機級，容易發生違約風險；在此等級以下的就非投資等級。B級是高度投機，受評者有重大違約風險。

C級債券普遍為「垃圾債券」，CCC級是信用風險高，受評者發生違約的機率高。CC級是信用風險很高，受評者發生違約的機率很高。C級是信用風險極高，違約或不可避免。

國家本身的信用評等是相關債券發行中最重要的信用評等，在一個國家內所有債券發行機構的信用評等不可以高過這個國家的信用評等，如果發行機構是國家所持有的國營單位，其最好的信用評等會與該國家的信用評等相同。

公司企業債的評等一旦被評定後，並不表示永遠都是這個等級，信用評等機構會定期進行複檢，予以重新評等，以適時反映其真正的風險程度。

債券價格、票面利率及殖利率間之關係

債券價格和票面利率及殖利率之間的關係是很複雜又很難說清楚的，在大學教書時，這一段就要花上兩週的時間講解，但是又不能不說。小資們如果要投資債券，還是得花些時間瞭解，對價格的掌握絕對有幫助，如果看不懂，那很正常，不必嘆氣！網路上也有很多「債券價格計算機」可以幫助你解決這個問題。

債券價格的計算可以簡單理解為兩個主要部分：首先，債券會定期的支付持有人利息，這部分的金額會根據市場利率（殖利率）來倒推計算；其次，當債券到期時，會把本金還給持有人，這個本金的金額同樣也會根據市場利率來倒推計算。這兩部分加起來就是債券的價格。

債券價格計算公式與「年金現值」的公式相同，概念也一樣，這個公式是這樣的：

$$PV\,(\text{Price}) = \frac{C_1}{(1+r)^1} + \frac{C_2}{(1+r)^2} + \frac{C_3}{(1+r)^3} + \cdots\cdots + \frac{C_n}{(1+r)^n} + \frac{M}{(1+r)^n}$$

$$= \sum_{t=1}^{n} \frac{C_t}{(1+r)^t} + \frac{M}{(1+r)^n}$$

PV：債券價格（現值）

C：各期現金流量（Cash Flow），因票面利率（Coupon Rate）而產生的

r：殖利率（Yield），或稱到期收益率YTM（Yield-to-Maturity）

n：期間數（若半年付息一次，則n＝年期×2）

M：到期時的債券面額

當債券價格上升時，殖利率就會下降；反之，債券價格下跌時，殖利率會上升。這個關聯可以從計算公式中看到，因為殖利率是分母的一部分，當它變小時，計算出來的價格就會變大。換句話說，債券價格和殖利率是反向關係：殖利率上升，債券價格會下降，反之亦然；至於價格的變動幅度，則與債券的到期時間長短和票面利率高低有關。

在債券的持有期間裡，如果殖利率保持不變，債券的折價或溢價（即價格低於或高於面值的情況）會隨著到期日的接近而逐漸減少；無論最初發行的時候是折價還是溢價出售，最終到期時因為要償還本金，債券價格都會回到面值，所以折價或溢價的差距會慢慢縮小直到與面值相等。

此外，票面利率高的債券，其價格對市場利率變動的反應會比較小；票面利率低的債券，價格的波動會更大；簡單來說，票面利率越高，債券的價格變化越穩定。票面利率產生的各期現金流量是計算公式中的「分子」，所以當票面利率越高，分子就越大，價格就會越高，也就是，債

券價格與票面利率是一個「正數」的關係。

到期年限比較長的債券，因為殖利率變動所造成價格的波動幅度，大於到期年限較短者。也就是，債券的到期年限越長，價格對殖利率變動的反應會越明顯，波動幅度也會越大。

三種殖利率曲線代表不同的經濟狀況

殖利率也叫到期殖利率或到期收益率ＹＴＭ（Yield To Maturity），是指如果你持有債券直到它到期，投資的本金預期能獲得的年平均報酬率。到期收益率也就是債券未來各期現金流量的現值，等同於債券價格的折現率。

舉例來說，一張兩年期的債券，票面金額為一〇〇〇元，票面利率五％。第一年利息收入五〇元，第二年利息收入五〇元，債券初始的市場價格為九五〇元，計算出來的殖利率等於七．八％，比票面利率高，是折價發行。這張債券的殖利率計算公式會是這樣：

$$950 = \frac{50}{(1+r)} + \frac{50}{(1+r)^2} + \frac{1000}{(1+r)^2}$$

再譬如說，一張兩年期的債券，票面金額為一〇〇〇元，票面利率五％。第一年利息收入五〇元，第二年利息收入五〇元，債券初始的市場價格為一〇五〇元，計算出來的殖利率等於二．四一％，比票面利率低，是溢價發行。這張債券的殖利率計算公式如下：

$$1050 = \frac{50}{(1+r)} + \frac{50}{(1+r)^2} + \frac{1000}{(1+r)^2}$$

把相同評等但不同天期的債券殖利率都放進同一張圖裡，橫軸是到期時間，縱軸是殖利率，接著將所有點連成一條曲線，這條線就稱作「殖利率曲線」，殖利率曲線可以分為典型、平坦、倒掛三種型態，每種型態都代表了不同的經濟狀況。

典型的殖利率曲線呈現上升的「正斜率」狀態，就是短天期債券的殖利率比長天期的低；長天期殖利率比較高是反映「風險」，因為它需要比較長時間才能拿回本金，承擔的風險比較多，殖利率就會比較高。

平坦型殖利率曲線幾乎是平的，就是短天期債券殖利率與長天期大致相同。這表示長天期殖利率沒有反映出「風險」的補貼（溢價），市場利率在出現變動之前，常常會發生這樣的現象。如果市場利率可能會往下調整，長天期債券原本較高的殖利率就會下跌較大的幅度；反之，市場利率如果可能往上調整，原本短天期債券較低的殖利率會有較大幅度的上升，這兩種狀況都會形成平坦的殖利率曲線。

倒掛型殖利率曲線呈現「負斜率」的下降狀態，就是短天期債券的殖利率比長天期的還要高，曲線才會出現這種少見的型態，通常是對於利率調降有強烈的預期，因此長天期債券的利率先反映出較大的跌幅。

債券並不是沒有風險的

債券的利潤來自於配息跟價差，挑選適合自己的債券是一個很重要的投資決策功課，主要評估點在於你自己的風險承受能力。債券基本上是保本的，這句話沒有錯，但是，債券並不是沒有風險、不會虧損的，我曾經看過一個投資債券的人，因為市場實際的利率走向跟他所預計的利率走向是背道而馳的，他在短短的六個月之內虧損了二十億新台幣，這個對於任何的金融機構而言都是無法承受的重啊！所以要記住，債券並不是沒有風險的，債券的風險大致可以分成這幾種：

第一是「國家風險」，這是投資債券時的首要考量。如果債券發行機構所在國家屬於信用評等較低的，其所發行債券的票面利率加碼幅度會比較大；對債券持有人來說，票面利率的加碼就是對於這個國家風險所必須有的風險補貼，唯有夠吸引人的風險補貼，投資人才會購買這個債券。

在二〇一〇年的時候，葡萄牙、義大利、希臘、西班牙這南歐四國的公共債務占國民生產毛額的比例偏高，而且政府都有嚴重的財政赤字問題，致使市場認為他們發行的國家債券會有無法償付的倒帳風險，隨後愛爾蘭也被發現有類似的問題。這幾個國家的外債總額高達幾千億美元，已經超過任何一個單一國家或組織能夠協助處理的能力，若是沒有處理好，歐盟可能會因此而解體。當時大家把這五個國家英文名字的第一個字母組合起來，稱它們為「歐豬五國」（PIIGS）。

南美洲的阿根廷是全球倒債次數最多的國家，它的債務違約紀錄有可能會再多添一筆，二〇二三年十二月阿根廷披索的匯率在新政府上任的第一天就重貶五四%，後續出事的可能性很高。

上面說的這兩個例子就是債券的「國家風險」。

第二是「信用風險」，也就是違約風險，這是指債券發行機構無法如期給予投資人相對應的報酬，違反了當初給予的債券承諾保證。發行機構的信用評等代表了日後償債的能力，償債能力愈高者所發行的債券當然就愈受歡迎，市場的交易流通自然不是顧慮。

第三是「利率風險」。在持有債券的期間內，其價格會隨利率的上升而下跌，持有人在債券到期日之前出售債券的話，可能會面臨債券價格因利率變動而產生的資本損失（Capital Loss），這就是利率風險。

第四是「流動性風險」，這是指持有之債券需變現時，能否以市價或以接近市價賣出的難易程度，可由報價的買賣價差（Spread）幅度來衡量；流動性愈好，買賣價差愈小。對投資人來說，流動性也是一個必須考量的因素。

第五是「匯率風險」。投資國外債券時，影響收益的最大因素，往往不是該國的利率走勢，而是該國貨幣的匯率走勢，匯率之升貶直接影響到債券的投資收益，這就是所謂的匯率風險。

第六是「再投資風險」，這是指持有人於持有期間所獲得的利息收入，用於再投資所能實現的報酬，可能會低於當初購買這債券時的殖利率。但是如果購入的是零息票債券（Zero Coupon

Bond）便無此風險。

結合以上幾點，可以發現債券的風險其實不能算小，只是因為有固定的票面利率現金流收入與到期的本金償付，而容易被忽略其風險。

二〇二二年二月底，因為俄國與烏克蘭的戰爭引起石油價格上漲，接著引爆壓抑多年的通貨膨脹。美國聯邦準備銀行（Fed）自二〇二二年三月開始調漲利率，從〇．二五％開始而逐漸調整至五．五％，其間的債券價格是一跌再跌。很多的公司企業與金融機構持有大量的美國債券或投資級公司企業債，因此面臨重大的虧損，許多美國債券ＥＴＦ在這段期間的累計虧損超過三〇％，在債券市場上，要把這三〇％賺回來幾乎是不可能的事了。

很容易誤解債券的那些事

好幾年前，有位富豪的媽媽為了一件債券的事連續幾天跑來我辦公室，只為辯論我的債券觀念是否有問題。起因在於我說：「當利率上漲時，債券價格下跌。」當時美國利率約在四・二五%，市場預期利率將向上調升，而且可能會破五%而到五・五%，這是債券理論上的公式所推算出來的結論，沒問題吧！這位老奶奶卻一直說：「你搞錯了！書沒有念通。」我念書是拿獎學金的，還要負責帶著美國的大學生上課，說我書沒有念通，是會氣死我的教授喔。

老奶奶舉例說：「定期存款的利率越高，天期越長，那到期時的定存是連本帶利的回收到更多的錢，這樣對嗎？」我回說：「對。」她再說：「所以利率越高，天期越長，債券跟定存一樣就會收越多錢，就越值錢，所以價格就會越高，不是嗎？」我馬上回答：「不對。」她就說：「所以你的書沒有念通嘛！」真是氣死我也！你知道問題出在哪裡嗎？

定期存款所計算的是累計每一期的利息收入，在到期時，收回各期利息加上本金「本利合」的「年金終值」，定期存款的「現在價值」就是存款本金，其所計算的是「未來價值」的總和。所以老奶奶說的定期存款概念是對的。

債券價格所計算的是每一期的利息收入與到期時的本金償還，利用市場利率（殖利率）所

「倒算」出來的「年金現值」。債券價格所計算的是倒算出來的「現在價值」，它所代表的是「現在」的價格，不是「未來」的價格。所以老奶奶所說的債券價格概念是錯的。

再白話一點說就是，如果你的錢放定存，是定存到期的時候才拿到利息，但是如果你買債券，是利息會先扣給你讓你先拿了利息，到期的時候本金再還你。

有一種結構型的債券，也需要拿出來再特別講一下，它的本質上不是債券，它是一種以債券型態來包裝的衍生性金融商品，是借債券之名，行衍生性金融產品交易之實，它可以連結股權、利率、匯率、不動產投資信託（REITs）等等，這種產品的風險是無限大的，風險不斷的堆疊、累加，當最後一根稻草無法承擔的時候就全盤皆倒。

二〇〇八年金融風暴的產生，就是次級房貸這種結構性債券造成的。什麼是次級房貸？就是買房子的人基本上沒有資格去貸款，因為他的收入太低了，建設公司為了賺錢，去找貸款公司幫他貸款，貸款公司閉著眼睛就批准了，但是這個借款風險太大，於是貸款公司把它打包成一種風險債券，到處去推銷賣給有錢人。看起來好像很完美，等到房價下跌時就慘了，因為資產的價值是負數，沒辦法償還，造成包括百年的公司雷曼兄弟在內的連鎖性倒閉，花旗銀行股價也跌到只剩三塊多，連美國的中央銀行都跳下去救。在次級房貸這件事情上，台灣的金融機構跟投資人估計損失超過一百億美金，也就是超過三兆新台幣，比台灣中央政府一整年的總預算還多，這真的很可怕！

小資的智慧

- 小資們，債券基本上是「保本」的，但是不代表不會虧損。
- 小資們，挑選適合自己的債券就是在評估你自己的風險承受能力。
- 小資們，債券風險不算小，只是因為固定現金流收入與到期本金償付而被忽略了。
- 小資們，錢放定存是到期的時候拿利息，買債券則是讓你先拿利息。
- 小資們，結構型債券是借債券之名，行交易衍生性金融產品之實。

第十一堂

基金

集資投資，降低單一投資的可能風險

基金，簡單來說就是一種集資而成的投資工具。基金發行公司將很多投資者的資金集中在一起，由專業的基金經理人去進行投資和管理，這些資金可以投資於股票、債券、房地產等多種資產上，之後再依據投資的比例分配獲利。基金的好處在於分散風險，因為你的資金會和其他投資者的資金一起投資於多個項目，降低單一投資失敗帶來的損失，對於沒有時間或較缺乏專業知識的投資者來說，是一種便捷的投資方式。

為了確保資產的安全性和操作的專業性，基金是採取「經理與保管分開」的運作模式，在這個模式裡面會有幾個不同的角色，基金發行公司和基金經理人是負責基金的管理及操作，下達買賣交易指令給證券公司，本身不會經手資金。保管機構負責以專款專戶的方式保管投資人所交付的資金，再依據基金公司的指示進行買賣交割的相關事項。代銷金融機構是基金發行公司和投資人之間的橋梁，負責收取投資人的資金，將利潤分配給投資人。稽核機構則是一個獨立的第三方監管機構，負責對基金進行稽核工作，以確保基金的所有操作是合法合規的。

基金也跟債券一樣，依據發行模式、投資標的物、交易方式等等因素的不同，而有非常多的種類。小資們對於基金的種類有基本認知的話，就可以更容易從上千種基金裡找到適合自己想要的基金。

首先從「公開」與否以及「募集對象」來看，可以分成「公開募集基金」與「私募基金」。「公開募集基金」是向「非特定」的投資人公開的募集資金，資金的來源是一般的普羅大眾，這類基金通常沒有投資金額、投資人數的限制，投資的門檻比較低，基金公司也可以向公眾投放廣告推銷。「私募基金」是向「特定」的投資人私下募集資金，不管是投資金額還是投資人數都有嚴格的限制，投資門檻高，訊息相對較封閉，也不可以對公眾廣告，像是所謂的對沖基金，又叫做避險基金（Hedge Fund），就是屬於私募基金。

再以「發行方式」來看，「開放式基金」的特色是規模不固定，對大眾隨時開放申購，買的人多，基金規模就變大，某段期間買的人少或是比較多人贖回，基金規模就可能會變小，投資人的交易對象是直接對基金公司，買賣價格是根據基金淨值，市場上大部分的基金都是屬於此類。「封閉式基金」的規模是固定的，在募集額滿或過了募集日期之後就會「鎖死」，不再接受投資人買進或賣出，之後的買賣則要在次級市場進行媒合，也就是有人要賣才有得買，也因此它會有一個市場成交價格，可能會與它的淨值有差距，而出現折價或溢價情況。

依照「管理方式」分類的話，「主動式基金」是由基金經理人主導挑選投資標的物，並且根據市場變化隨時調整投資策略及組合，目標是取得超越市場指數的績效表現。市場上大部分的共同基金都是屬於這種，因為需要進行深入研究和分析，管理費用通常較高，會在一・五％至三％

左右。「被動式基金」不進行主動選股，而是追蹤一個特定的指數譬如「台灣五〇」、「標普五百」，目標是跟隨這個指數的表現賺取相同的績效，因為不需要主動管理，管理費用通常比較低。

從「發行者」來區分，「境內基金」是由註冊於國內的基金公司所發行的，主要對國內的投資人進行銷售，投資標的範圍可以是國內也可以是國外，會受到國內法律的監督。「境外基金」是由註冊於國外的基金公司所發行的，它需要有國內的金融機構作為「銷售總代理」才能引進銷售，而「銷售總代理」仍然會受到當地的金融監管機構的監督，如果境外基金沒有在國內有「銷售總代理」的金融機構，那就是非法的基金。

以「投資區域」來說，看的是這支基金投資的資產在哪裡，「國內基金」的資產主要投資標的物範圍在國內，「海外基金」的資產主要投資標的物範圍在海外。要注意，不要把「境外基金」與「海外基金」搞混了，兩者代表的意思是完全不一樣的喔。

用「投資的範圍」來分類的話，「單一國家型」就是投資標的物範圍都在一個國家內，譬如看好美國或日本的發展，就去買投資該國的基金，不過因為把雞蛋放在同一個籃子裡，承受的風險波動相對也比較大。「區域型」就是投資標的物範圍在一個地理區域內，譬如歐盟、東南亞等等。「全球型」就是投資標的物範圍是沒有區域限制的，所謂的布局全球，因為標的範圍廣泛，可以充分地分散風險，基金淨值的波動也就會比較小。另外還有一種是「產業型」基金，就是投資標的物的範圍集中在一個產業裡，譬如能源基金、生技產業基金等等。

大家最熟悉的分類應該是以「投資標的物」來分，「股票型基金」主要將資金投入於股票市場，目標在賺取資本利得。「債券型基金」的投資標的物以債券為主，有固定的債券利息，又被稱為「固定收益型基金」，很受追求穩定收益的投資人青睞。「平衡型基金」的投資標的物包含股票與債券，既能有股票的「高收益」又有債券的「低波動」特質。「貨幣市場型基金」以投資貨幣市場的金融工具為標的，通常是短期性的投資，利息非常接近銀行定存，流動性高又風險低，常被當作短期資金的中繼站。「組合型基金」則是以投資其他的基金為主要標的物，可以算是「基金懶人包」，幫不知道怎麼挑基金的人買進一籃子的基金，缺點在於申購門檻比較高，衍生出的管理費也會比較多。

以「購買方式」與「交易場域」分類，「一般基金」的申購與贖回交易是透過基金發行公司或代銷金融機構進行，價格是依照基金發行公司每日所公布的基金淨值為基準。「場內交易基金，ＥＴＦ」則是公開募集並直接在證券交易所掛牌交易，如同公司的股票一樣，在申請公開募集時需要說清楚其發行價格、發行基金數量、投資標的物等等，其監管模式也如同公司股票，基金發行公司不會每日公布ＥＴＦ的基金淨值，理論上，市場所交易的價格應該與其持股的「即時市價評估」差不多，不然就有套利的空間。「場內交易基金，ＥＴＦ」除了沒有基金申購手續費外，其他費用如基金管理費等等都有，只是可能低一點而已。

支付基金手續費，羊毛出在羊身上

購買基金時，除了你交付的投資本金之外，還會有四種費用產生，首先需要支付的就是「申購手續費」，這是用於代銷基金的通路費用，是給付給代銷金融機構的，會在購買時收取，而代銷金融機構為了多吸引客戶，這部分常常會有折扣的優惠。

第二種是「基金管理費」，這是基金經理人負責資產操作而收取的費用，是管理人和基金發行公司的收入來源。為了維持代銷金融機構的銷售動能與銷售興趣，依照市場慣例，基金發行公司會分潤特定比例的基金管理費給代銷金融機構。

第三種是「信託管理費」。投資人透過金融機構申購基金，只需輕鬆面對金融機構這個單一窗口，金融機構會替投資人於不同基金公司分別開立一個「信託財產專戶」，再依照投資人的指示，完成與基金發行公司的申購或贖回，所以在基金贖回的時候，會收取一筆信託管理費，一般公定價是每年〇．二％，每月照比例攤提。如果想要省掉這筆費用，你也是可以直接找基金公司開戶，但要是你想買五檔不同公司的基金，就要分別跑五家公司開戶並處理後續的相關事宜，「時間」也是一種成本，可以自己多方考量。一般投資人不會如此作的。

最後一種是「保管費」。政府規定基金必須由獨立第三方的金融機構來保管資產，並依照基金管理人指示進行收付款，其用意在於讓基金的經營管理權與基金資產是獨立的，並確保所保管的基金資產不會出問題。保管費就是交給這個第三方保管單位的，通常是基金淨資產的〇．一五％至〇．二％，保管費跟基金管理費都會每天或每月按照比例，直接從基金的「資產評估價值」裡扣除，不需要另外繳交，我們看到的基金淨值是已經扣除掉相關費用後的數值。

在基金的申購手續費這項裡，有一點要特別注意，「前收型」是申購時就先跟你收取申購手續費，「後收型」在申購時不收取手續費，但會在計算基金淨值的時候，依比例先扣除名為「分銷費」的費用，這是基金發行公司要付給銷售通路的行銷費用轉嫁至基金淨值中，每年的分銷費扣除下來，可能反而比「前收型」的申購手續費還要多很多；不少「後收型」基金會承諾「只要滿幾年不贖回即可免手續費」，但是如果沒有滿一定年限就要贖回基金，會有「遞延申購手續費」的項目支出，可以把它想成是對於提前贖回的罰金。根據經驗，「後收型」的費用往往是「前收型」的好幾倍，而且「後收型」的淨值往往比「前收型」的淨值要低很多，也就是說，選擇「後收型」的投資人吃大虧了。吃大虧，還是有人願意買？誰叫這世上就是有「貪小便宜」的客戶嘛，只好出「後收型」的招來對付斤斤計較的人！

在基金的費用上，就是一句話，「羊毛出在羊身上！」誰是基金的最終獲利者，誰就是要承擔這些費用，沒有那種「羊毛出在羊身上，要豬拿豬毛去付帳」的事。

各種類基金的收費不但不盡相同，而且十分複雜，與其一直計算費用的多寡，倒不如多注意基金的報酬率，報酬率高了，賺得多了，還會在意這些費用多寡嗎？也不要因為只顧著選擇費用較低的基金，反而虧本了。

選擇適合自己投資屬性的基金

小資們要挑選基金的時候，是有一些客觀的指標可以拿來參考的。要衡量金融產品或投資組合的「系統性風險」可以查核貝他係數（β係數），它代表這支基金的報酬率相對於市場整體報酬率的波動程度大小，簡單來說，就是告訴我們這支基金的價格波動程度。

基金的貝他係數要怎麼解讀呢？它會有高於一、等於一、低於一這三種狀態。

當貝他係數等於一，表示這支基金的波動性與市場相同，市場上漲一〇%，基金也會大約上漲一〇%；如果市場下跌一〇%，基金也大約下跌一〇%。

如果貝他係數高於一，表示這支基金的波動性比市場更大，假設貝他係數是一．五，當市場上漲一〇%時，基金可能會上漲一五%；當市場下跌一〇%時，基金可能會下跌一五%；這種基金風險較高，但潛在收益也可能較大。

貝他係數低於一的話，表示這支基金的波動性比市場小，假設貝他係數是〇．五，當市場上漲一〇%時，基金可能只會上漲五%；當市場下跌一〇%時，基金可能也只下跌五%；這種基金通常風險較低，但收益潛力也相對較小。

要注意的是，貝他係數是幫助投資人評估一支基金的風險和收益潛力，選擇適合自己風險承受能力的產品，這個數值的高低不能代表基金的優劣。

另一種常見的評定指標是夏普指標（Sharpe Index），又稱為報酬變異比率（Reward-to-variability Ratio），這個指標在金融領域衡量的是一項投資在調整風險後相對於無風險資產的表現；用白話來說，你買基金一定有風險，也會有獎勵，夏普指標就是在計算獎勵與風險的比率，它告訴你每承擔一單位風險，這支基金能帶來多少額外的收益，讓你評估投資回報相對於你所承擔的風險是否合理。

如何計算夏普指標呢？「基金報酬率」減掉「無風險利率」之後再除以「標準差」，出來的數值就是夏普指標，其中「無風險利率」通常會以政府公債或定存利率為基準。

夏普指標會如何反映基金的狀態呢？如果基金報酬率高，而且過程波動很小，是穩定成長的，它的夏普指標就會高；基金報酬率高但是過程波動過大的話，它的夏普指標會低；如果基金報酬率低，但是過程波動小，表現平穩，它的夏普指標會是中等。你可以發現，夏普指標基本上是越高越好，因為這代表在相對低風險的情況下獲得了更多的回報。

「基金淨值」是每一單位所代表的資產價值，它的計算是以「基金淨資產價值」除以「發行總單位數」。

可以把基金淨值想像成是購買基金的價格，是一種「絕對的概念」，會隨著購買標的物的漲跌或投資人所購買的單位數而有所變動。

對於基金淨值有一種誤解，就是認為淨值低的基金便宜，同樣一筆金額可以買到比較多單位，未來又容易上漲，所以比較值得投資；事實上，基金淨值的高低跟未來是否會上漲並沒有絕對關係，有些基金的淨值從開始到現在都沒有高過初始的申購價格，這代表基金的整體操作策略或基金經理人有很大的問題。

「基金績效」是指基金在「特定一段時間」裡的「淨值成長率」，是一種「相對的概念」，會因為所擷取的時間段落不同而有很大的差異。基金績效與參考的指標之間也是相對的關係，如果基金績效是一〇％，看起來好像不差，但是參考指標績效是一五％，基金績效輸給參考指標，其實表現是不好的；如果基金績效二％，看起來不怎麼樣，但參考指標績效很慘只有負五％，那基金績效其實還不錯，贏了參考指標。

對於「基金績效」，我們常會有些迷思。因為績效通常是以「累積」報酬率的方式呈現，往往看不出各年份的績效，很可能最近績效大幅提升，就會造成一種假象。要知道，過去的績效亮眼，不代表未來也是會如此；過去的績效不好，不代表未來的績效也不會太亮眼。所以應該要檢視的是基金每年的績效，而非累積績效。在市場最壞或最好的情況下，瞭解基金的年度跌幅或年度增幅會有多大，另一方面，這就是基金的最大風險幅度與最大獲利幅度。

把基金當作股票來炒

要在證券公司開立一個國內的「證券交易帳戶」是很容易的事，但若是要去國外開一個「證券交易帳戶」，那就是十分困難的事了。因為監管與法律的考量，很多國家不允許外國人開立證券交易帳戶，或是需要經過特許才能開立。

許多人對國外的證券交易有興趣，或是為了分散投資過於集中國內的風險，就跑去購買「海外基金」，把基金當作股票來炒，想投資哪個區域都行，哪怕是非洲，都有「非洲基金」可以買。不管你是不是專買「海外基金」或是把基金當做股票來操作，都是無可厚非的事，但是千萬要注意交易成本與匯率風險的問題。

國內證券交易的手續費非常的低，也沒有其他費用，沒有持有成本，但是海外基金的各項年度費用，加總起來很可觀，除了購買時的申購手續費之外，還有每年都要收的各類費用，海外基金的持有成本相對於國內證券交易是十分驚人的。

最近幾年，有金融機構在網路上開放客戶可直接投資美國股票市場的個股，這對投資人而言，比以前要方便許多。但是投資人在股利與股息的分配以及股市的資本利得上，要依照美國的規定納稅，「非美國稅務居民」的預扣稅率是三〇％。

投資海外基金還要面對「匯率風險」。許多人都有類似的經驗，就是基金賺了一〇%，但是匯兌損失有七%，扣除匯兌損失之後，淨賺的就只有三%而已，真的虧大了！當然還是有可能賺了淨值又再加上匯兌利益，只是機率不大而已。

有「槓桿倍數」的基金不要碰，這是簡單的數學問題

一般基金與ETF都有槓桿倍數型的基金，這是一種運用衍生性金融商品來承作「槓桿效果」的基金，其部分資金會透過選擇權、期貨或交換等衍生性金融商品交易，來放大它的報酬率。因為有衍生性金融商品交易，所以槓桿倍數型基金能夠有比一般基金更高的報酬，但同時也伴隨著更高的風險。

我常跟人說：「『槓桿倍數』的基金不要碰。」為什麼呢？我解釋一下你就懂了。

以兩倍槓桿型基金為例，假設初始的基金淨值為一〇〇元，如果指標的操作績效上漲一〇%，這支兩倍槓桿型基金淨值會上漲二〇%來到一二〇元。如果接著指標的操作使得績效下跌一〇%，那基金淨值會下跌二〇%變成九六元。在指標的操作績效上漲與下跌都是一〇%的情況下，一般基金上漲後淨值是一一〇元，再下跌後的淨值是九九元，與初始的淨值一〇〇元只相差一元（一%）而已。兩倍槓桿型基金上漲時的淨值是一二〇元，再下跌時的淨值是九六元，與初始的淨值一〇〇元相差了四元（四%）。

什麼事都沒作，兩倍槓桿型基金在這一漲一跌間的淨值，就硬是比一般基金少了三%。想想，這其實是簡單的數學問題，不是投資問題，而且還是無解的數學問題！

基金淨值是上上下下的跑，又有多少淨值被「數學魔術」給吞了？唯一的解決方式就是不要碰這類型的基金。

在二〇〇七年初，因為看好石油價格會再持續漲上去，有位朋友把相當多的資金投入到「三倍槓桿型能源基金」上，也是因為過去三年，這支基金的績效相當好。沒想到碰到二〇〇八年的金融風暴，石油價格從一五〇美元暴跌到只剩大約五〇美元，這位朋友最後在「三倍槓桿型能源基金」慘賠了超過八百萬美金，需要賣掉台北市信義區的百坪豪宅來償還虧損。

「槓桿倍數基金」雖然有著「倍數」的回報率，但也伴隨著比「倍數」還大的「數學魔術」風險。

小資們，如果沒有那樣的屁股，就不要吃那樣的瀉藥！

「定期定額」小心不要「越攤越平」

「定期定額」指的是每隔一定時間就購買進相同金額的基金投資方式，這種方式為大家所接受的最主要原因在於能夠「買在平均成本」，因為在不同時間段分別買進，不論當時的漲跌，理論上可以拉低買進的平均成本，長期而言，對投資獲利是有幫助的。

只是奇怪的是，我持有的「定期定額」基金每次所買進的價格，怎麼總是在當天市場價格比較高的價位，不論買進當天是漲還是跌，在那天所買進的價格幾乎總是在最差的價位，不知道基金發行公司到底發生什麼事？這根本是欺負我嘛！

說穿了，「定期定額」就是基金發行公司要長期套住投資人的老把戲，為了吸引客戶加入，基金發行公司常常對「定期定額」購買基金會有免申購手續費的優惠。

如果遇到投資標的物是長期下跌的情況，那「定期定額」反而會越買越虧損，所以小資們不要定期定額買了基金就放著不顧，要小心不要讓「定期定額」到最後變成是「越攤越平」的局面。

投資海外基金的隱藏性風險

投資「海外基金」是許多人為了分散投資風險所作的決定，然而，為分散投資風險卻必須面對其他更多的風險，這樣做，值得嗎？

「海外基金」第一個要面對的風險就是匯率風險，這個風險在新台幣匯率和外幣匯率這兩個層面都可能會發生。假設是在美元兌新台幣三〇元價位的時候將款項匯出，當新台幣升值（美元貶值）到二七元價位時，投資金額的匯兌損失就是一一．一％（計算方式是二七減三〇之後除以二七）。資金匯至標的物的國家後，必須轉換為當地貨幣才能投資，如果當地貨幣貶值，會造成投資的資產再轉換回外國貨幣時，只能換到較少的金額；譬如說在美元兌日圓一〇〇元價位時將資金款項匯至日本，當美元升值（日圓貶值）到一五〇元價位時，所投資的日圓資產匯兌損失就是五〇％（計算方式是一〇〇減一五〇之後除以一〇〇）。

很多時候，標的物國家的幣值一夕暴貶，所投資的資產就可能全軍覆沒，連本金都全部貶到沒了！像是墨西哥、土耳其、泰國都曾發生過類似的幣值暴貶事件。

「海外基金」第二個要面對的風險是監管風險。海外基金所投資的國家或區域是否有完善的監管機制與機構往往是一個問題，就算是美國的監管機構是那麼的有權力，還是會發生假投資的

「龐氏騙局」，更何況那些不是那麼民主的國家或區域。所有的「龐氏騙局」主角都是設在海外的公司，基金最常出事的就是海外基金，這都是因為監管不到，就算被抓到了也由於證據不好蒐集而容易脫罪。

前陣子很轟動的「台灣史上最大金融詐騙案」，主角是未經過台灣金管會核准的「澳豐金融集團」，旗下基金吸金超過千億新台幣，全台灣有一萬多名投資人受害，其中不乏名人、豪門、貴婦。這種「龐氏騙局」的基金在台灣可以騙到那麼多人，就知道台灣的「財商」教育有多麼的不足，也更凸顯出政府相關金融法規的不周全。

投資台灣的都不一定能賺錢，國外標的物就先算了吧

為了擴展客戶基礎與增加所投資的金額，基金發行公司常常大力鼓吹投資海外的優點，最常見的口號是「掌握全球的經濟脈動」。這本是無可厚非的事，但是你要有足夠的「閒錢」與「經濟知識」才能如此作呀！

有位朋友拿著所買的海外基金給我看，希望我指點迷津，給他點意見。清單上有一支是「中南美洲基金」，帳上已經虧損超過三〇％，其中一部分虧損是因為匯兌的損失。我問朋友：「你對中南美洲很瞭解嗎？」他說：「一點都不瞭解。」「那你為什麼會買中南美洲基金？」朋友回答：「是銀行推薦的。」唉！我只能建議這位朋友趕緊停損出場，因為基金會虧損超過三〇％，不但代表這支基金的操作策略有基本的問題，而且代表所投資地區或國家的經濟發展有嚴重的狀況，這些都不可能在短期內獲得解決或改善，因此只能先認賠出場。

投資「海外基金」不是問題，但是在投錢之前，要先深入瞭解那個國家或區域。要投資基金，請先投在你所熟悉的家鄉吧。銀行的那些理財專員就像「戀愛中的男人」，為了業績，什麼話都說得出來，千萬不要呆呆的捧錢進場，呆呆的虧損出場，人家說跳海，你就傻傻的跟著跳海喔！

小資們，投資台灣的都不一定能賺錢了，投資國外標的物還是就先算了吧！

善用受小資所喜愛的月配型ＥＴＦ增加被動收入

除了「貨幣市場型基金」是月配型基金以外，大部分的基金都是採用一季或半年來分配獲利。最近有一個月配型ＥＴＦ上市，其投資的邏輯是很主動積極型的，相當吸引投資人，加上前幾個月的月配息換算成年報酬率可達八％，因此在短短的時間內，就有數十萬的投資人購買，基金規模在幾個月之內就超過了千億，也算是一種奇蹟！

分析這個月配型ＥＴＦ之所以受歡迎有幾個原因：第一是選股的主動積極性，它以ＥＰＳ前三十名的科技公司為主，隨時調整投資配比或換股操作。其次是它的風險比較小，根據觀察，這支ＥＴＦ的貝他係數小於一，其波動幅度小於大盤。最後就是每月的配息，它以操作獲利或股利股息來支應每月所需的配息金額。每月配息對許多人而言是一種「被動收入」，也就是「用錢賺錢」的型態，不管哪種年齡階層的人都會需要這種「被動收入」。

所以小資們，如果手上有閒錢，可以考慮月配型ＥＴＦ。我這不是在報明牌，只是有好東西與好朋友分享而已。

小資的智慧

・小資們，基金的好處在於分散風險。

・小資們，對基金種類有基本認識，就能更容易從上千種裡找到適合自己的。

・小資們，羊毛出在羊身上，誰是基金最終獲利者，誰就要承擔相關支出費用。

・小資們，要小心不要讓「定期定額」到最後變成是「越攤越平」。

・小資們，買「海外基金」要注意交易成本與匯率風險的問題。

・小資們，會中「龐氏騙局」的招就是貪心與笨而已。

・小資們，台灣的錢都還沒賺夠，「海外基金」就先忘了吧！

・小資們，有閒錢可以考慮考慮月配型ETF。

第十二堂

外匯

外匯匯率一天二十四小時在轉，賠不死你才怪

對於資產豐厚的富豪或生意人而言，因業務需求或為了分散資產而把錢存在國外，這本來是無可厚非的理財行為，但是有人卻因為匯率是一天二十四小時都在轉的，而誤以為這是一種十分厲害的賺錢方式。會這樣想的人通常忽略風險的存在，或者低估了風險的接受度。

小資們要記住，二十四小時的獲利機會，也代表著二十四小時的風險，若是沒有面對風險的盤算，也沒有賠錢的心理準備，千萬不要去炒外匯。

有很多的人在只看到獲利機會的情況下，就進行「槓桿倍數」的外匯操作，當你進行「槓桿倍數」的操作時，所面對的風險也就同比增加。更加悽慘的是，操作允許可以放大倍數到五十倍以上，也就是只要準備好兩元的資金，就可以操作一百元的交易金額。在補繳保證金與停損規定的要求下，絕大部分當然是被市場的波動洗出場外，有很多人甚至於賠到傾家蕩產的地步。

認識一位半退休的企業家，十分醉心在外匯交易，因為他認為外匯市場是任何政府都無法操控的，即使各國的央行出手干預都不見得有效果，會影響外匯市場波動的只有經濟數據而已，而經濟數據都是公正與透明的，因此這是一個真正公平的市場。這位老先生常常一出手的交易金額就是一億英鎊以上，一個晚上可以來來回回十幾次，交易損益往往超過百萬美元。如此龐大的交

易量曾經讓他被稱為是「台灣外匯第一名」，連國外的銀行總裁都慕名想去拜訪他，還排不到他的時間。這般「拔劍四顧血茫茫，殘腳跺地震天下，孤掌劈山裂九州，橫眉豎眼殺四方」的英雄，一路殺！殺！殺！的結果，卻是以賠了超過三千萬美金的金額而黯然出場。

另外有一位年輕的小姐姐，氣質非凡，風采堪比志玲姐姐，炒起外匯簡直就是「苦海女神龍，人稱一流刀一流」，左手五百萬美金殺出去，右手接著再殺個五百萬歐元，每天殺進殺出，江湖名聲威震八方，殺到香港與台灣的銀行都要叫她一聲「外匯一姐」，只要她答應與哪家銀行往來，那銀行一年的業績大概就沒問題了。但是搞到後來，她把自己的交易部位弄得混淆不清，連銀行都跟著亂成一團，最終人民幣的ＴＲＦ連動債交易讓她賠了相當多的金額。

小資們，你如果連新台幣都還沒有存夠花用，外匯就先忘了吧！

投資海外的匯率風險

近十幾年來，許多閒來無事的人喜歡去日本投資買房子，因為日本少子化的情況十分嚴重，房子的價格就便宜許多。

在二〇一九年八月，新台幣兌日圓的價位接近〇．三，到了二〇二三年十一月，新台幣兌日圓的價位接近〇．二一，大約五年的時間裡，日圓的相對貶值幅度約為四二．八％，平均每年貶值超過八％。也就是說，這幾年裡，台灣人投資在日本的資產，先別說房子價格沒漲價，就算房產本身是賺錢的，也因為日圓大幅度貶值的匯兌損失而虧損，與當初的投資金額相比，虧損四〇％算是少的。

大約從二〇〇四年開始，因為石油價格一直上漲，連帶使得石油產國的加拿大，幣值一直往上升，加拿大幣兌新台幣的匯率從二二、二三元左右的價位開始升值，到二〇〇七年油價最高點的時候，已經升到接近三六元的價位；在四、五年的期間內，升值幅度超過六〇％。所有從台灣移民加拿大的人當時都是口袋滿滿，因為除了匯率價差造成的獲利之外，房價飆升也賺了一大筆。

只是好景不常！自二〇〇八年的金融風暴之後，加拿大幣兌新台幣就一直貶值，一路貶回到二一、二二元左右的價位。對那些在匯率三一、三二元以後才移民到加拿大的台灣人而言，單單匯率的損失就超過三〇%以上，只能安慰這些加拿大的新移民說：「加拿大也是你的家，所以匯率不重要。」

這就是投資海外與移民海外必須要面對的匯率風險。

炒「外匯」要有炒的方法

匯率是一天二十四小時在轉的，其風險明顯高於其他金融商品，特別是有「槓桿倍數」的操作下，其風險更是被無限的放大。當然還是有人依此而生活著，要炒外匯，你就要有炒的方法。

我有一位朋友，他操作外匯的方式是選擇「利差最大」的兩個貨幣的匯率下手，買進高利息的貨幣，放空低利息的貨幣，因此有利息差異的收入。在「槓桿倍數」的操作下，其利息差異的收入也跟著被放大倍數，在五％的保證金之下，等於放大操作倍數二十倍，利息差異的收入也就跟著被放大二十倍，根本是「空手套白狼」。

在如此的操作之下，就算因為匯率會賠一些錢，但利息差異的收入往往就會補上一些，也因此其勝率是可以期待的。

另一位朋友是外匯高手，有超過三十年的外匯市場交易經驗，雖然他已經退休了，但還是有許多的公司企業與個人想把資金交給他去投資外匯，原因就是看上他「穩定的獲利」。曾經問過他的祕訣，他跟我說：「投資時，你的心跳要跟這個市場同步。」這一句話讓我想了將近十年的時間，終於體認到其中的境界，意思就是要「與市場生活在一起」，才能夠體會到市場的種種脈動，進而作出精準的判斷與預測。

外匯交易請走正常管道

金融交易需要被監管，像是台灣的股票市場監管機構是金管會，但是，外匯交易是兩個貨幣的交易行為，任何國家的金融監管機構都沒有權限去管到另外一個國家的貨幣交易行為，因此國際外匯交易市場是沒有真正的監管機構的。

有許多在國外註冊的金融公司跑來台灣開辦外匯業務，這類的外匯公司往往是不可能取得台灣央行的設立許可，因此就變成「掛羊頭賣狗肉」的地下金融公司，你一旦加入了，就是注定會傾家蕩產。

台灣有些人遠赴香港或新加坡在銀行或金融公司開戶，只為了可以作「槓桿倍數」的外匯交易，但是這些人後來絕大多數是賠錢而被洗出場，因為這些銀行或金融公司會有很多很多的小動作讓你被洗出場。

曾經有位朋友帶我去拜訪一家設在台灣的「金融投資管理公司」，他們辦公室的裝潢有如夜店ＰＵＢ一般時髦，會客空間像是酒廊一樣，有一個很長的粉紅色吧台，每個業務公關都很漂亮，有氣質。這家公司的主要業務就是在推一家香港金融公司的「優匯存款」，是外匯的「匯」沒有錯，其實就是把「外匯保證金交易」加上「外匯選擇權」另做包裝而成的金融商品而已。

小資們，利用「槓桿倍數」操作的外匯交易完全不是一般人可以參與的，更何況是一些地下交易管道，你如果嫌自己錢太多，想賠錢就投吧！

外幣存款有必要嗎？

許多人在有閒錢之餘，就想著把一些新台幣換成美金或其他的外國貨幣，而後放在銀行作定期存款或投資國外的股票與債券。對於資產豐厚的富豪或生意人，他們把資產放到國外去，有其所謂的「資產分散」的必要性，小資們若是你的新台幣都不夠用的情況之下，還把新台幣換成美金或其他外幣存放，就是明顯不必要的舉動。

你想想看，自己對外幣的行情走勢是能掌握得住的嗎？如果不行，又何必無緣無故去承擔額外的外幣波動風險呢？幣別換來換去的，手續費也不便宜，這不是在額外浪費錢嗎？你沒有生意上或生活上的需求，何必要浪費這個心思呢？

在二〇一三年，台灣的中央銀行在眾人的盼望之下，終於開放人民幣的存款業務，到了二〇一五年六月創下人民幣的存款高峰，存款金額高達人民幣三三八二億元，以新台幣兌換人民幣的匯率計算，這個存款金額超過新台幣一・七兆。

在那段期間，人民幣存款儼然是社會的顯學，你沒有存一些人民幣，就是與社會脫節的人，是跟不上時代的人。撇除跟風不說，為何有那麼多人呼朋引伴的去銀行存人民幣？因為人民幣的利息比新台幣高一點點，還有大家預期新台幣兌人民幣的匯率，會因為人民幣升值而從五・〇升值到六・〇以上。

偏偏台灣的銀行因為央行的規定而無法在台灣承作人民幣的放款業務，所以只能存放給在國外的中國銀行的分行作「銀行間的拆放款」。就貨幣理論來看，我們通常會以一比四或一比五的比例來換算成資金的流動動能，台灣的金融體系因為「貨幣乘數效果」而損失了超過新台幣五兆的流動資金動能。

在二〇一五年十一月，新台幣兌人民幣的匯率最高曾經升值到約五・一六左右，然而之後就一直貶值，在四・三與四・二之間盤整，這個匯差的損失就約有〇・八左右，匯差損失的幅度約一六%。為了賺小小的利息差而賠了更大的匯率差，值得嗎？時至二〇二三年，綜觀整個存人民幣的過程，絕大部分的人雖然賺到了較高的利息，但是在匯率上賠大錢，總體來說還是賠錢的。

有位朋友算是一位小富婆，由於她每年都會去歐洲走走，順便買買精品，便在有閒錢的時候分批多次的買入歐元，平均價格約在一・四五左右，到後來她所購買的歐元數量已達到十年都用不完的程度，總金額超過百萬歐元。為何她會持續買入那麼多的歐元？除了是有旅遊購物的需求之外，更因為有許多外匯專家說：「未來歐元匯率會升值到二・〇。」到時候她用歐元購物的價格等於是打折再打折；想到這裡，晚上睡覺都會偷笑，並且由衷的佩服自己的聰明與能幹。

只是歐元升值到一・六左右就開始回貶，而且很快的貶值到一・四八左右，她購買的歐元算是已經在賠錢了，但她一心想著要攤平成本價格，於是又再次買入歐元。在歐元貶值到一・四二時警告她：「歐元應該會下探一．二〇，甚至於一．〇八以下的價位。」幾年後，歐元果真一度貶值到只有〇．九五的價位，小富婆賠了不少錢。

根據過去的經驗，只要超過三個月以上的外匯匯率預測，通常都是專家用「猜的」，只是猜對或猜錯而已。

在二〇二二年一月份，有誰會預測到俄國與烏克蘭不久後會開戰而造成國際美元普遍升值？在這期間之前，又有多少的外匯專家能預測美元兌日圓會在短短的七個月內，從一一五左右的價位一路升值到一五〇（美元升值，日圓貶值），日圓貶值幅度達二五％以上。日圓在這樣短的時間內如此大幅度的貶值，就日本而言，會引起「輸入型通貨膨脹」，因為進口的東西變貴了，特別是能源價格的上漲。而在同一期間，歐元兌美元從不到一．一五的價位一路貶值至約〇．九六（歐元貶值，美元升值），貶值幅度超過一六％。在這種波動幅度之下，能賺錢的沒幾個，但是如果有賺到錢，一定是賺到大錢。

所以小資們，再說一次，千萬不要信專家，千萬不要浪費錢與精神在沒把握的外匯上。

小資的智慧

・小資們，外匯有二十四小時的獲利機會，也代表著二十四小時的風險。
・小資們，很多的騙局就是以外匯交易為初始點。
・小資們，沒有面對風險的準備，千萬不要去炒外匯。
・小資們，連新台幣都還沒有存夠用，外匯就先忘了吧！
・小資們，「槓桿倍數」的外匯交易完全不是你可以參與的。
・小資們，外幣存款，等你錢太多了再說吧！

第十三堂

衍生性金融商品

衍生性金融商品到底是什麼東西？

這章節實在不應該寫在這書上。不過，近年來有太多的人在衍生性金融商品上虧損太多錢，甚至有導致公司營運困難的情形；加上有些衍生性金融商品的設計趨向「小額化」，越來越多小金額的衍生性金融商品出現，因此還是拿來討論，讓小資們更加瞭解，才能做出正確的判斷。

傳統現貨市場交易的金融商品包含股票、長天期債券、外匯、短期票券等等，所謂的「衍生性金融商品」就是在這些傳統金融商品的市場交易基礎上，衍生並創造出符合市場與投資人需求的新型金融商品。

衍生性金融商品往往是為了「避險」而誕生的，因此在交易成立時需支付一些「權利金」才能持有整個商品，這個「權利金」的收付概念隱含槓桿倍數的操作。避險工具卻被拿來交易謀利，意味著你是「風險偏好者」，也代表著你必須承擔更大的風險，才能享有潛在的相對性利益。如果知道風險在哪裡就不會是問題，問題是，你「往往」無從百分之百的知道風險在哪裡？有多大？因為無法預測或測不準，這使得衍生性金融商品的風險會比你想像中還大。

衍生性金融商品是在現貨市場交易的基礎上衍生出來的，加上許多衍生性金融商品是客製化，甚至是把幾種不同的衍生性金融商品再組合起來，正面來說是交易策略可以很靈活，另一面來看

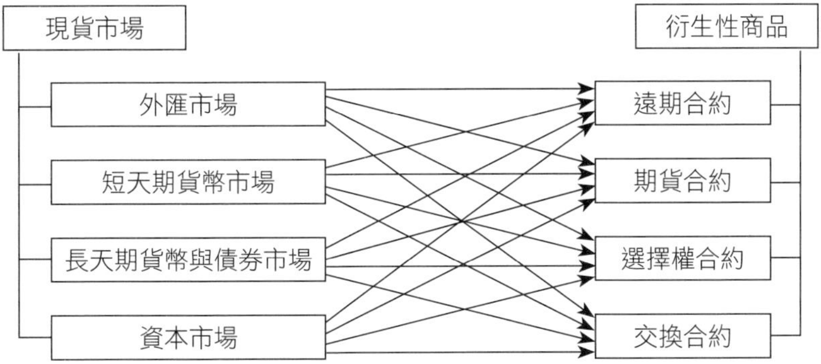

就是商品架構十分複雜，各個參數之間會相互影響，因此不容易作市價評估，特別在市場發生大幅波動時，市價評估是有問題的。

衍生性金融商品的交易主體常常是一種可以交易標的物「權利」的金融商品，譬如選擇權，在到期前，是沒有實質的東西存在，只有一個交易的註記；在到期後，或許才會有實質的實體交付動作，因此交易時只能在資產負債表上作「註記說明」而已，所以稱之為「資產負債表外交易」。

衍生性金融商品的基本類型分成四種：遠期合約（Forward Contract）、期貨合約（Futures Contract）、選擇權合約（Options Contract）、交換合約（Swap Contract）。每一種現貨市場交易金融商品都可以與這四種類型交互搭配，就像上方這張圖表所畫。

再進一步衍生，一個衍生性金融商品可以再套上另外一個衍生性金融商品，譬如：外匯遠期選擇權合約、外匯遠期交換合約、利率期貨選擇權合約等等。你可以發現，衍生性金融商品的玩法如同「俄羅斯娃娃」一樣，是可以一層一層套上去的，所以會造成商品架構十分的複雜。

老是想到「期初權利金」的收入，就是死路一條

衍生性金融商品的概念是「規避風險」，相對性的就會有「風險偏好者」來承擔風險，問題在於「規避風險」是需要付出費用的，如同購買保險就需要支付保費一樣。偏偏人老是會想要有「白吃的午餐」，既要規避風險卻又不想支付費用，於是金融機構就搞出來「無期初權利金」的「組合式衍生性金融商品」，投資人無需在交易成立時支付任何權利金費用，就可以持有可「規避風險」的衍生性金融商品。

這是多麼的美好呀！你以為天下真的有可以白吃的午餐？

金融機構在架構這種衍生性金融商品的組合時，其中會有一部分是有「期初權利金」收入的，這些權利金相互對抵，使得這個「組合式衍生性金融商品」變成「無期初權利金」或「零期初權利金」。

就有「期初權利金」收入的部分而言，等於是切入風險偏好者的角度，需要承擔風險；交易對手需要避險而願意支付權利金，是風險規避者。本意是為規避風險，但是因為不想支付期初權利金而成了必須去承擔有風險的部分，問題就會出現在這部分的衍生性金融商品。當市場行情不是如你所預期的一樣，這部分的衍生性金融商品可能會造成極大的虧損，而且這虧損可能超過你

所能負擔的範圍。

在二〇一三年，政府開放人民幣ＴＲＦ（Target Redemption Forward，目標可贖回遠期契約）業務，其交易方式就是由投資人向金融機構「同時購入一個選擇權、同時賣出一個選擇權」的商品組合。在那段期間，國際外匯市場普遍認為人民幣的趨勢是升值，美元兌人民幣由七．〇往六．〇的方向移動（美元貶值，人民幣升值），甚至有許多專家認為人民幣終將升值至五．五至五．八的價位。

購買這種ＴＲＦ無需支付期初權利金，但享有人民幣升值的利益。當時國內金融機構大推這項產品，行銷手法宣稱不用繳納保證金，純粹是「避險」、「保本」、賺利息，在金融機構大力推波助瀾之下，許多資金大戶與中小企業主大量購買，特別是與中國有生意往來的「台商」，沒有買好像就是沒有跟上時代潮流。

剛開始的時候，這些投資人常常每個月有幾萬美元獲利，甚至是有幾十萬美元的利益可拿，不亦快哉！到了二〇一四至二〇一七年間，人民幣出現六波的貶值，人民幣ＴＲＦ也隨之豬羊變色，本來是看升人民幣，有利益收入的，現在不但沒有了，而且依照ＴＲＦ合約，隨人民幣貶值的價位，投資人還要被金融機構要求支付巨額的人民幣貶值虧損。

據估計，台灣最終有近九千家中小企業踩到ＴＲＦ地雷，損失金額累計超過上兆新台幣，相當於政府年度總預算的一半，堪稱國內金融投資史上最大的災害事件，比二〇〇八年的雷曼兄弟事件還要嚴重。有位朋友買了本金兩百萬美元的TRF，前前後後賠了超過三億新台幣，幾乎家破人亡。

金融機構推波助瀾與罔顧風險的心態當然十分可議，投資人「貪小便宜」的心態也是可議的。

有家電子企業需要從日本進口大量的材料，若日圓升值，其材料的進口成本就上升，因此企業需要規避日圓升值的風險。要規避風險就要付出代價，偏偏財務人員不想支付期初權利金，金融機構就搞了一個衍生性金融商品的組合給這家企業，無需支付期初權利金，但是在日圓貶值時，企業將被強制購入大量的日圓，貶值幅度越大，所需購買的日圓金額越大。

看來完美的設想，卻是事與願違，日圓不但貶值了，而且還持續的貶。根據交易合約，這家企業最終被迫買入近五千萬美元的日圓，這金額約當該企業一整年的日圓需求。這家企業還要面對幾個風險，一是金融機購的借款額度滿了，資金流動的風險增加；而他們滿手的日圓，還是有日圓持續貶值的風險需面對，加上支付美元借款的高利率，財務負擔增加。

這種例子很常發生，難道企業財務人員不清楚風險嗎？難道企業主不清楚風險嗎？難道不清楚避險操作過頭就是投機交易嗎？清楚，都清楚！只是不相信自己會碰到這種倒楣的事而已。這其中最大的問題在於許多企業的財務部是被設定為「利潤中心」，既然是利潤中心，就會有利益與風險的問題。這根本是錯置財務部的功能。

不要玩賠不起的金融遊戲

衍生性金融商品理論上的目的是要「規避風險」，但是為了不想支付期初權利金，往往在實際操作上把自己搞成「風險偏好者」。既然是「風險偏好者」的角色，就必須面對風險波動的負面影響，然而大部分時候，風險是不可測的。簡單的說，當時間拉長了，不可測的風險因子越複雜，更加不可測，因此所要面臨的虧損可能比想像中的大。

對於如此複雜的衍生性金融商品，投資人該怎麼應對呢？有幾個基本的原則可以參考。

首先，老話一句：「不懂的不要碰！」有些衍生性金融商品架構層層疊疊，其風險因子就會過於複雜，風險因子的影響是相加的，不是相乘的，因此其最終的最大風險可能是連金融機構自己都說不準的，像是二〇〇八年引爆金融風暴的「連動債券」就是其中一個例子。要避免這種情形，唯一可作的就是「不懂的不要碰」。

其次，要記住，「簡單就是美！」要操作衍生性金融商品，其架構要越簡單清楚越好，便於掌控各項風險因子。

再來，是你要搞清楚，購買這項商品最大風險是什麼？你是否能承受最大的虧損？有時候連金融機構自己都說不清楚風險在哪裡，會有多大，像是前面提過的ＴＲＦ交易，如果能搞清楚，也不會造成全台灣有超過上兆元新台幣的虧損。

最後，要知道停損的操作與可能風險。衍生性金融商品的交易通常是投資人與金融機構間的「店頭交易」，當你發現時機不對，需要停損出場時，唯一可以作平倉交易的是原有的金融機構，因此停損的操作與可能風險是必須考慮的，只怕最慘的是有時候連停損出場都沒有辦法。

有位在加拿大工作的朋友對於衍生性金融商品的操作有十分獨到的心得，他操作的主要商品是「與股票連接的優惠利率」。假設有一家A公司的股票市價是一〇〇元，設立一個下限為二〇%下跌的價位，就是市價八〇元，存續期間通常在三個月。若在衍生性金融商品的存續期間內，市價未曾觸及八〇元價位，投資人將獲得年利率約一五%的獲利。若在衍生性金融商品的存續期間內，市價曾觸及八〇元價位，在到期日投資人將獲得以一〇〇元計價的股票數。

操作這樣的商品有幾個原則，下限的價位通常設定在一五%至二〇%，存續期間通常在一至三個月之間，不要太長，若存續期間太長，股票的走勢預測容易失去準度而增加風險。A公司股票近期是要有些波動幅度的，才能藉此來拉抬利率報酬，但又要根據股票走勢判斷會觸及下限價位的機會很低，只要在存續期間內走勢沒觸及到下限價位，就可以拿到很高的利率報酬，所以下限價位的設定不但影響利率的高低還涉及到風險，萬一股票觸及到下限價位，必須拿進場時的市價所計價的股票數，那就只能長期持有這公司的股票了，這就是這個商品最大的風險，因此在進場之前，要先確定A公司的股票一定是可以長期持有的績優股。

這位朋友因為十分瞭解這個衍生性金融商品的架構、最大風險、可能的報酬與交易的原則，大膽的選擇有潛力的標的物進行這類交易，從來沒有失手過，所有的交易結果都是拿走高利率的獲利。但是同樣概念的衍生性金融商品，在香港的金融機構只願意承作下限價位設定為二・五％至五％的架構，這種設定根本只是要你去買股票而已，是否值得投入需要三思啊！

小資的智慧

- 小資們，衍生性金融商品的風險會比你想像中還大！
- 小資們，衍生性金融商品架構層層疊疊，不懂的不要碰！
- 小資們，不要玩你賠不起的金融遊戲。
- 小資們，記住「簡單就是美」，衍生性金融商品架構要越簡單清楚越好。
- 小資們，要搞清楚最大風險是什麼？能否承受最大的虧損？

第十四堂

建立孩子的理財觀念

建立孩子對「錢」的觀念

「財盲」是什麼呢？一個人縱然是識字善讀，飽讀詩書，能文能武，獨獨對於與錢有關的事情不是很清楚，便可稱其為「財盲」，就是財務上的文盲，就是錢的白痴。

一個不懂得錢的人，要怎麼過日子呢？不管再怎麼有錢的人，只要不懂得錢，想要過好日子是很難的。記住：「有錢」與「懂得錢」，完全是兩碼子的事。

要避免自己成為財盲，就要懂得「管錢」。「管錢」的最基本條件就是把你口袋裡的錢管好，哪怕它只是一塊錢，可以管好口袋裡的一塊錢，才可以管好一百元或是一千萬元。

「管錢」的技能與本事要從小時候開始培養，要在孩子年紀還很小，思想還是一片白紙的時候，就找機會建立他們對於錢的觀念。一旦正確的觀念建立了，好的習慣養成了，孩子長大以後也就不容易在「錢事」上出差錯了。這種觀念說好教嘛，也不是一件容易的事情；說不好教嘛，其實又可以是很簡單的，就是必須要用一種「潛移默化」與「以身作則」的方式來進行對於錢的認識教育。

有機會的話，帶著你的孩子去銀行走走，讓孩子知道「銀行」是在做些什麼事，這對孩子的金錢教育是極為重要的。

在五十幾年前我讀初中時，父母親都太過忙碌，母親常常叫我背著書包去跟商家收錢，或是帶著面額幾百萬元的支票去銀行存錢。我就腳踩著變速腳踏車，有如「風火輪」一般的穿梭在眾商家與銀行之間，次數頻繁到銀行經理與櫃檯小姐姐們都認識我了，因為我是只會存錢的「小小財神爺」，我也在那時候就對於銀行到底是在做什麼有了概念。

「錢」的話題就跟「性」的話題一樣，不要避諱去討論，身為父母的，一定要跟孩子把「錢」的事情說清楚，適當的教育，這不但關係到你的一生終老問題，更關係到孩子的一生發展。

你今天不去跟孩子討論它，不給孩子一個正確的對於錢的概念，他還是會自然而然地在周遭的環境中，比如學校、社會、朋友身上，去吸收或接收到一些金錢觀；運氣好，孩子接收到的觀念是正確的，運氣不好的話，孩子接收到的觀念是有問題的，那你豈不是就更傷腦筋了。與其讓孩子自己胡亂摸索有關「錢」的事情，身為父母的要適時的機會教育孩子與錢有關的想法，以避免日後情況一發不可收拾。

父母親不要寄望學校的老師會教授孩子這件事，這在學校是不會教的。一種習慣的養成，一種態度上的正確認知，一種內涵的培育，都要靠父母親以身作則來教導小孩，孩子看到父母親所做的每件事情，要比父母親給他們講上十遍、一百遍還要有效，因為，孩子是眼見為證，孩子是會模仿父母親的行為的。孩子今生能否成功的第一把金鑰匙就在於是否可以瞭解「錢事」。

我某次去到一個很有錢的朋友家裡要討論一些事情，他的獨生兒子為了用錢的事，居然當著我這個外人的面，跟他老爸很不禮貌的說：「為什麼你的錢不給我花？難道你在外面還有我不知道的弟弟或妹妹可以幫你花嗎？」對這個孩子來說，賺錢不關他的事，那是老爸的事，老爸怎麼賺錢不用他這個兒子操心，他向來要花錢就是跟老爸拿，既然老爸的錢那麼多，也沒有其他弟弟妹妹可以幫忙花，那身為唯一兒子的他，多幫忙老爸花錢不是應該的嗎？

你不要以為這只是少數孩子的特例行為，事實上，越是有錢富豪人家的孩子，越是有這樣的現象，孩子若是如此的心態，就算是家裡有金山或銀山也是不夠這孩子花用的。這對於孩子是好的嗎？你願意看到自己的孩子是這樣子的嗎？當你年老退休時，你會對這樣子的孩子放心嗎？在孩子還小的時候就把「錢事」教好，是對孩子最重要的人生大事之一。

對於錢的教育，一定要很清楚的告訴孩子，「節儉」是一種美德，「存錢」是一個良好的習慣。這個美德與習慣要從小培養是不容置疑的，但是沒有錢要如何去節約？沒有錢又如何去存錢？口袋空空的只有空氣，再怎麼節，也是空空。

在談「節約」之前，一定要先談「開源」，開源的意思就是指善用你的人力、勞力或腦力來賺取收入，也就是說，作為父母親的，一定要培養孩子在這個世界激烈競爭的環境下，可以賺錢生存的能力，等有了開源的結果，也就是有了錢的收入之後，你才可以談節約。不要覺得這樣講太庸俗、太勢利、太多市儈氣，也不要誤解，這不是要你把品格的教育給忘了。

節約的養成比開源能力的養成更加困難，原因在於，節約本身就是一種習慣，既然是一種習慣，就必須有一段很長的時間來養成，就必須在年紀還小的時候就開始進行；因為，必須經過非常長的時間才能知道是否已經有效的養成習慣。等孩子長大了，無論如何努力的去改變他的壞習慣，將是比登天還難；一旦木已成舟，朽木卻已是不可雕也。

千萬別讓孩子「要什麼有什麼」，因為他會不懂感恩，那你就麻煩大了。讓孩子清楚，想要零用錢，那就自己去賺，而不是伸手跟老爸老媽拿。在「股神」巴菲特的自傳裡就有提到，他在很小的時候就去送報紙，去賺零用錢，這就是他父親要教他的一個概念：「錢是要自己去賺的。」

從零用錢開始，建立孩子自主管理的能力，孩子要能使用零用錢，能明白消費及儲蓄的意義，才能進一步建立自主管理金錢的能力。很多時候孩子是要從錯誤中才能學習這些能力的。如果你的孩子對於錢的認識是比較正確的，那麼他這一輩子要出大的錯誤就不太容易了。

有位朋友出國旅遊或考察都是搭乘商務艙或頭等艙，家人隨行也是一樣的，但是他為了教育他的兒子不可以「要什麼有什麼」的觀念，就跟兒子說：「你念大學以前，可以跟著我搭任何艙等的飛機。上大學以後，請你拿成績單出來，如果平均成績沒有八十分以上或A級的成績，你要跟著出門旅遊就請自行搭乘經濟艙。」這位朋友是在教育孩子兩件事：第一，天下沒有「不勞而獲」的事，想要獲得什麼利益，就要自己努力去爭取。第二，你爸可以如此花錢是因為一直努力工作，但這不代表你天生就可以跟你爸一樣的如此花錢，除非你證明你有這樣的能力與努力。

這是教育孩子，也是鼓勵孩子，更是獎賞孩子的方式。

在台灣，有許多農民因為都市計畫的土地重劃而獲得巨額的財富，這一群人被稱為「田僑仔」，他們雖然一夜暴富，但是往往不知道如何管理錢財，更不知道如何教育小孩子去管理錢財，因為沒有這方面的知識也沒有經驗。有很多的「田僑仔」本人或其孩子，往往在暴富之後的三到五年之內散盡家產，變成一無所有。為何會如此？就是「財盲」而已！

「文盲」一樣可以過好日子，只要清楚「錢」是怎麼一回事。「財盲」的人生則是黑白的，是死路一條。就算你是一個有錢的「文盲」，你也必須知道「錢事」，否則一個不小心，你就會被錢給毀滅了。

孩子的零用錢該怎樣給

有很多家長在問這個問題，也有很多兒童教育專家在辯論：「一定要給小孩子零用錢嗎？」一般的看法是孩子的零用錢一定要給，兒童教育專家也建議家長必須斟酌自己的情況而適當地給孩子零用錢。因為，「使用零用錢」與「管理零用錢」是孩子在學習與成長的過程中一個非常重要的課題，父母親必須把握這個極為重要的生活課題，以培養孩子正確的金錢觀念。

只是，「要怎樣的給」與「給多少才夠」這兩個問題是沒有標準答案的，父母親可以與孩子一起討論，取得一個共識之後再去實行。

父母親不可能毫無限制的給孩子零用錢，就算你給得起，也不能這樣子做。你可以大方一點，給孩子的零用錢比夠用的額度再多一些些，但是這多的一些些要鼓勵孩子盡量存下來。最重要的一點是，不要讓孩子習慣性的跟你伸手要零用錢，零用錢不能白給，那麼孩子要拿什麼東西來換？這就是父母親要跟孩子來討論的事情。

父母親可以訂定一個日子，比如說固定每個星期天晚上跟孩子算一算零用錢，把上週的帳清一清，把下週的帳預先算一算。這種固定的日子做同樣一件事情，就是在養成一種習慣。對孩子而言，他心裡面就會有一個底，每個星期天晚上就是會拿到上週該拿的零用錢，還會討論到下週的安排。

許多父母親會在孩子做錯事情或沒有達到你對他的期望的時候，用「扣零用錢」作為對他的處罰。在教育小孩子對錢的認識方面，把零用錢當作處罰手段不是一個很好的方法，甚至可以說是很糟糕的作法。這樣做會產生一個副作用，就是在小孩子的心中，只會注意到零用錢被扣掉的挫敗感和厭惡感，對於你希望他因為被扣零用錢而認知到自己做錯事情的學習是沒有幫助的。

所有的人都希望在所有的事情上是用「被獎勵」或「被鼓勵」的方式，在心理上，「被獎勵」或「被鼓勵」代表的就是一個正面行為的結果，「被處罰」是一個負面行為的結果；在任何的教育議題上，都是要採取正面行為的鼓勵或獎勵方式而會得到比較好的效果。因此，零用錢最好是當作獎勵的目的來使用，這種正面作用比把零用錢作為一個處罰的工具更加管用，更容易幫助孩子建立一個有效、正面的金錢觀。

父母親可以用另外一種思考方式，當小孩子完成某一件事情，例如協助你做家事，協助你整理花園，或是在學校有好的表現，再給他零用錢當作獎勵。這樣子的方式還有一種好處，就是孩子必須有所付出才會有所得，這也就是在告訴孩子，錢是要「努力」去賺的，錢是要用「你的勞力」、「你的時間」、「你的血汗」去賺來的。錢不是天生就會從爸爸媽媽的口袋跳到你的手裡，也不是你手一伸說「我沒錢了」，父母親就會乖乖的給你。

我認識一位台灣的富豪世家，他的女兒在加拿大讀中學的時候，他為了鼓勵女兒去看看人家是怎麼在工作的，也去看看老闆是怎麼計算成本的，更去看看客人到底是有多麼難搞，便以三倍的金額獎勵她外出打工，也就是說，女兒打工每賺一塊錢工資，他就獎勵女兒三塊錢。這位富豪的鼓勵方式就是一個不錯的例子，是對於「錢」的一種很好的教育方式，只是比較誇張的是，女兒只不過是去一個飲料店打工，他就送了一部BMW跑車作為女兒上下班的交通工具。

當然，你不必、也不需要與這種富豪比手筆的大小，對於孩子的零用錢，只要作到你認為「適當」的程度就已經很偉大了。

給了孩子零用錢之後，也不能任由孩子口袋裡裝著滿滿的零用錢到處亂跑，到處亂花；教育孩子對於錢的觀念不是只有賺到錢的部分而已，也應該包括管理錢的部分。

要教孩子怎麼管理零用錢，最簡單、最直接的方法就是教小孩自己記帳，教孩子記帳也就是在訓練孩子自我約束，自我管理，最後自我實現他的理想與目標。

「錢事金生」的教育

對於孩子的「錢事」教育，「言教不如身教」是很重要的概念。父母親要用行動來告訴孩子：「我自己也是這麼做的，而且我就是靠著這麼做把你養大，讓你成為國之棟樑，社會之材，因為我愛你，所以我把我所知道的都告訴你。」

父母親最好是以身作則，帶著孩子一起認識金錢。譬如記帳，你就記給孩子看，帶著孩子一起看要怎麼記帳，記一個禮拜、記一個月、記了半年、一年，這樣就培養出他的習慣，有了習慣一切就好辦。

對於孩子的「錢事」教育是沒有年齡的限制的，不要覺得孩子還小，還不需要開始教，孩子可是比你想像的聰明。現在的孩子可以接觸到的訊息比父母親小時候要多幾十倍甚至上百倍，這些訊息不斷地刺激他的腦部，現在小孩的反應會比父母親小時候的反應快上很多。

做父母親的可以試著讓孩子當家，管管錢，這是一件寓教於樂的事。在寒暑假的時候，你可以跟孩子討論看看，試著由他來掌管這個家一週或兩週的時間。告訴他這個家一個月有多少錢可以花，其中有多少的菜錢以及其他的項目，把這一筆預算交到孩子手上，然後讓他每天跟你到菜市場去買菜，去實際掌管一下這個家的柴米油鹽醬醋茶。

千萬不要讓孩子成為一個吃米卻不知道米價的人，讓孩子有機會為這個家算計一下，知道什麼是想要、什麼是需要、什麼是必要；讓他知道在很多的選擇之中，他必須要選出一個最符合全家的需要而價格又最適當的東西。

讓孩子當家，讓孩子在實作中學習管錢，可以讓孩子知道，「當家」不是靠嘴巴說說而已，而是一件隱藏許多細節在裡面、可以難如登天的事；在讓孩子當家的過程之中，相信孩子也會比較容易知道對於家的責任是什麼。

要教育孩子存錢，最重要的就是要讓他覺得存錢可以是一件很快樂的事情。譬如有些家長會告訴孩子說，如果把零用錢存起來到了一個數字，爸爸媽媽就再把同樣的金額加上去，然後一起存進孩子在銀行的帳戶裡。對於孩子而言，他存下一塊錢實際上就是存兩塊，存下十塊錢實際上會有二十塊，他努力存錢結果還可以得到額外的獎勵，那他就會覺得受到正向鼓勵，這樣孩子就會感受到儲蓄是很快樂的一件事情。

「富不過三代」是有原因的，你可以避免它的發生

「富不過三代」似乎是一個不爭的事實，是一個不可反抗的魔咒，緊緊套著有錢人的家庭。魔咒會無法破滅的原因在於，有錢的父母不曉得怎麼教小孩子有關於錢的事情。

曾經在一個富豪朋友家親眼目睹他跟他的兒子在言語上起了衝突，他的兒子居然對父親說出：「你錢那麼多不給我用，你死了要留給誰？」接著又轉頭跟母親說：「該不會我在外面還有不知道的兄弟姊妹吧？」這小兔崽子，根本是在挑撥離間他的父母之間的感情，還當著外人給他的父親難堪！但是孩子會這樣你能怪誰呢？只能怪他的父母親沒有教好孩子，讓孩子覺得有錢用是天經地義的事。

微軟創辦人比爾蓋茲很早就曾經在公開場合表示過，他非常愛他的孩子，他過世之後三個孩子每人可以繼承到一千萬美金。想想，一般人要是收到父親給的一千萬美金，那真的是應該感謝上帝、感謝父親，但是比爾蓋茲富可敵國，財產有一千多億美金，給孩子一千萬美金，連「九牛一毛」都不足以形容其所占的比例之小，「九千牛之一毛」還差不多。「股神」巴菲特也曾經在給股東的備忘錄裡表示：「大量觀察超級富有的家庭後，我的建議是，留給孩子的錢要足夠讓他們什麼都能做，但不足以讓他們什麼也不做。」所以他也很早就承諾要把自己超過九九%的財產

全數捐贈給慈善信託基金。你說這兩位富爸爸是愛孩子還是害孩子呢？我相信是愛。

唯有靠自己賺來的錢才是錢，唯有靠自己存下來的錢才是錢，唯有花自己賺到的錢才是真的「爽快」。因為那是你勞力的所得，因為那是你辛苦的結果，因為那是你控制自己欲望的成果。也唯有如此，你才有絕對的權力去使用這些錢，因為它是完全屬於你的。必須在孩子很小的時候就給他灌輸這樣的觀念。

有一個朋友的財富雖然不如比爾蓋茲和巴菲特的九千牛之一毛，但是在他孩子還很小的時候，就跟他的孩子講：「你身為我的兒子，我不會給你錢，我只會跟你保證幾件事情：第一，老子吃什麼，小子吃什麼；老子住什麼，小子住什麼；老子用什麼，小子用什麼。你不要小看這三樣，有多少孩子在念書的時候就要自己想辦法賺生活費和學費，所以這可是一個很大的承諾。第二，你只要有辦法念書，你念到哪裡，老子供你到哪裡，你有辦法念到博士，老子供你到博士，你有辦法念到超博士，老子就供你到超博士。不要覺得這沒什麼喔，跟歐美的孩子比起來，這個可是不得了的經濟支援，有多少的孩子想到國外念書，卻因為沒有足夠的支援而放棄？第三，為了怕你娶不到媳婦，當你要結婚的時候，老子給你一棟房子，這房子是要給媳婦跟孫子住的，你只是有緣、有幸娶到媳婦並且生了孫子才可以住；不娶媳婦或不生孫子，很抱歉也很謝謝，老子就省下一棟房子。要知道有多少人因為買不起房子而放棄結婚的念頭？第四，要用錢，你自己賺，因為，自己種的瓜比較甜，比較香，花自己賺到的錢才會『爽』。」

這是朋友告訴孩子的四件事情，看起來好像很無情，其實是因為「怕」。怕什麼?怕「富不過三代」的魔咒。對孩子的金錢管教太過於寬鬆，就是在扼殺他的人生，扼殺他的夢想，扼殺他的潛力。你必須把它控制住、控制好，這樣子才不會出事，也就是說，你可以用這種方法來避免它的發生。

有一個朋友要訓練他的孩子做事，就是把他丟到他的企業裡最艱苦的工作崗位去。他告訴孩子說：「這個職位是全公司裡面最難幹的，你要是能從這個位子裡面爬出來，那我相信你的能力，我可以考慮讓你接我的衣缽。如果你沒有辦法從這個崗位爬出來，那麼，我給你一些錢，你快快樂樂的去過日子就好。這個衣缽，你連碰都不要碰，連想都不要想，你的人生就是有錢過日子就好了，不必擁有任何事業，否則會害了許多人。」

夠不夠狠！夠不夠精算！因為「刀不磨不亮，鐵不打不成器」啊！

有一個笑話是這樣說的，若孩子是傑出的，你不需要留錢給孩子，因為孩子比你會賺錢，你自然不必擔心他。若孩子不學好，到處惹是生非，你留再多的錢給孩子都不夠他花用，因此也就不必留錢給孩子，以免害了他。說到底，是好是壞都不必留錢給孩子。

你愛孩子無可厚非，但是要有方法，不可以讓孩子養成一種依賴的心理。如何避免這種事情的發生，作父母親的就是要好好教育孩子有關於錢的事，那樣孩子才會有一個金碧輝煌的一生。

小資的智慧

- 小資們，記住：「有錢」與「懂得錢」，完全是兩碼子的事。
- 小資們，「管錢」的技能與本事要從小時候開始培養。
- 小資們，對於孩子的「錢事」要用潛移默化、以身作則的方式進行。
- 小資們，對於孩子的「錢事」教育是沒有年齡的限制的。
- 小資們，千萬別讓孩子「要什麼有什麼」，因為他會不懂感恩。
- 小資們，千萬不要讓孩子成為一個吃米卻不知道米價的人。
- 小資們，「富不過三代」魔咒就是因為有錢父母不曉得怎麼教小孩子「錢事」。

第十五堂

認識所謂的「經濟學」

供需之間的資本主義運作模式

既然「投資」是人生必定要面對的問題，既然小資千萬不能讓自己和孩子變成不懂「錢事」的財盲，那麼，對於我們生活在其中的資本主義社會運行模式，也就是所謂的「經濟學」，不論如何都應該要瞭解一些基本的觀念。

「經濟學」開宗明義的第一句話是「資源是有限的，而人的欲望卻是無窮」。這資源與欲望之間的平衡，就構成經濟學中最基本的「供給與需求」的運作，在供需之間形成資本主義的運行架構與模式，而金融市場就是經濟情況的「窗口」，是透視資本主義運行模式的「大門」。

經濟學其實談的就是「需求」（demand）與「供給」（supply），這兩者在經濟學模型中決定了市場的均衡價格和均衡產量。需求指的是消費大眾因為需要一件產品而產生的購買要求，供給是企業因應購買的需求而去生產出產品做提供。

「需求法則」的理論是假設其他條件不變的一般情況下，市場裡需求的數量和價格會成反比，也就是說，一個產品的價格越高，就越少人會想去購買，反之，產品的價格下降了，就會有更多人願意購買。

「供給法則」則是指在利潤極大化的假設下，只要需求者願意花較高的價格購買產品，生產者就會生產出最大的數量來滿足需求，也就是說，產品價格和供給量之間是同方向的變動關係。

我們都知道物以稀為貴，當供不應求的時候，價格就會上升，供過於求的話，只好靠降價促銷，價格就會下跌，需求和供給交會時出現「市場均衡」的平衡點。如果供給量或需求量又有變動，就會有新的價格反映出新的平衡點（左側上圖）。

一個商品可能會因為可支配所得改變、需求者的喜好改變等等原因，讓需求量增加，譬如左側中圖中的需求曲線從D1變為D2，那麼成交的價格P和數量Q也會隨之出現變動。

而供給曲線可能會因為技術的變化、自然環境的變化等原因出現移動，譬如左側下圖中的供

供給與需求曲線

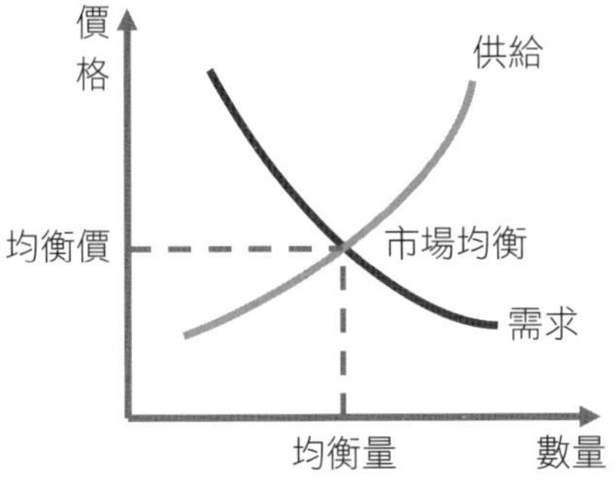

需求變動

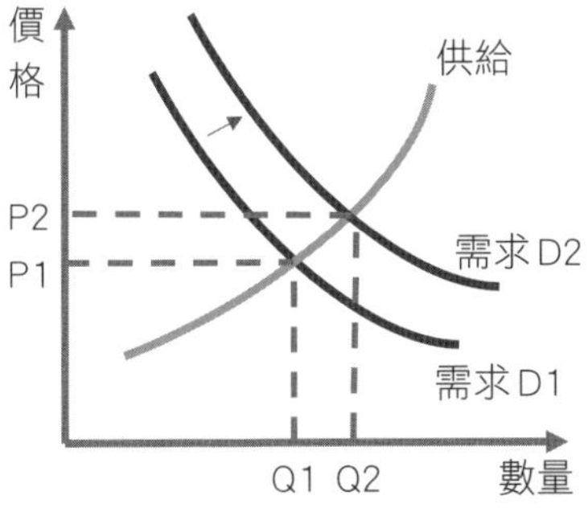

供給變動

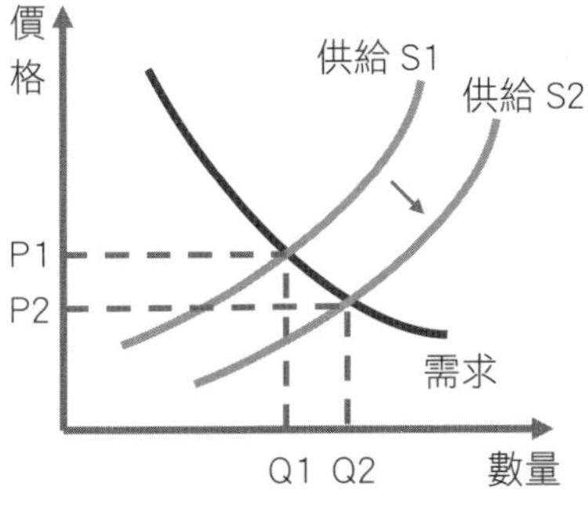

給曲線由S1變動為S2的時候，成交價格和數量當然也就出現變動。

在曲線模型中，價格與數量是「互為因果關係」。這個模型的需求或供給價格，分別與消費者的需求量和生產者的供給量掛鉤，形成市場的兩種力量，決定價格和產量的均衡。

經濟學可以說是最基本的社會科學，諾貝爾獎在一九六八年設置「經濟學獎」，是其中唯一的社會科學類獎項，可見經濟學對於人類社會的貢獻有多麼重要。在許多大學裡，經濟系是最早設立的社會科學學系，有些學校，譬如中國的北京大學和日本的東京大學，更直接設置獨立的「經濟學院（部）」，各商學院的大一必修課裡也一定會有「經濟學原理」這門課。

「經濟學」這門學科之下可以再分為個體經濟學和總體經濟學這兩個部分。

個體經濟學又稱為微觀經濟學，也有人稱作價格理論，它是在研究需求與供給如何影響交易並形成市場中的均衡價格，主要在探討四個經濟問題：生產什麼（What）、如何生產（How）、生產多少（How Much）、為誰生產（For Whom）。

總體經濟學又叫做宏觀經濟學，是在探討政府、國家或國際的經濟行為與影響，包含了經濟成長、通貨膨脹和失業等議題。

為現代經濟學理論奠基的亞當．史密斯，在《國富論》第一部就完整探討總體經濟的論述。經濟學家凱因斯一九三六年發表《就業、利息與貨幣的一般理論》，代表現代總體經濟學的開始，主張經濟衰退時，政府應提出政策以刺激需求，進而達到減緩失業與恢復經濟繁榮的目的。

其後，因應石油危機、通貨膨脹、高失業率、高利率等經濟情況，演變出米爾頓·傅利曼的貨幣學派、小羅伯特·盧卡斯的新興古典學派、供給學派等經濟學理論。經濟學的學派眾多，有人開玩笑說，三個經濟學家在一起會辯論出五個以上的經濟學理論。這些經濟學理論的影響不是只在經濟學領域而已，而是影響到政府的政策及各行各業的發展。

必須關注的重要經濟數據

經濟數據是研究經濟發展情況的基礎，經濟數據洋洋灑灑的有數十種，每個人對其重要性皆有不同的見解與認知。根據個人的經驗，挑出下列這幾種是小資們必須要關注的。

一、國內生產毛額與經濟成長率：國內生產毛額（GDP）又稱為國內生產總額、國內生產總值，可以把它理解為一個國家在一定期間內（通常是一年或一季）所生產的所有商品（如車子、手機）和服務（如醫療、教育）的總價值，它就像是一個國家的經濟活動總成績單，是國家經濟核算的核心指標，用來衡量這個國家的經濟狀況有多少財富和生產力。「經濟成長率」是這個國家或地區在一定期間內，經濟總體產出的增長率，通常是以GDP的增加值來做衡量，經濟成長率的高低可以顯示經濟發展的好壞情況。

二、物價指數：基本的物價指數有兩種，一個是「消費者物價指數」（Consumer Price Index, CPI），這是衡量與大眾生活消費有關的產品及勞務價格變動的指標，以百分比變化來表達。在物價中，食物與能源的價格容易受到季節變化影響，把消費者物價指數扣除掉食物與能源價格之後的數字，稱為「核心物價變動率」。另一個是「生產物價指數」（Producer Price Index, PPI），這是衡量生產製造商出廠價格平均變化的指數，也是反映生產製造商原物料成本的指數。一般而言，如果ＰＰＩ持續上升，生產企業會將一部分的成本變動轉嫁到消費者身上，進而帶動ＣＰＩ的上漲，所以ＰＰＩ是ＣＰＩ的先行指標。

三、通貨膨脹率：這是指整體物價水準在某一期間內的變動幅度，通常是採用消費者物價指數為計算的基礎，當然也有人用生產物價指數來計算，其所看的是生產製造商的成本變動幅度。

四、利率：這是借款人向出借人所支付的借款費用，也可以說是出借人願意在一段期間內放棄使用這些款項的機會成本，用白話講就是金錢的回報或代價。除非特別標示，通常利率是以「年利率」表示。利率分為「名目利率」與「實質利率」，名目利率就是「明價明碼」標示的利率，「實質利率」則是名目利率減掉通貨膨脹率的結果。利率的上升或下降對經濟發展至關重要，各國的中央銀行常常運用調整利率的方式來控制市場的資金借貸成本，進而影響經濟的發展。

五、失業率：這是失業人口占勞動人口的比率。所謂失業人口是指「有意願工作」卻無法找到工作的人，像是街頭流浪漢可能並無工作意願，就不會列入失業人口中。因為更換工作、職位調整、技術進步或季節性等因素而造成的失業，稱為「自然失業」，自然失業人口占勞動人口的比率就是「自然失業率」。我們說的「充分就業」不是指百分百的每個人都在工作，而是要扣除自然失業人口，美國一般的自然失業率約在四％到四．五％之間，也就是說，如果美國的失業率低於四％或四．五％以下，就算是充分就業。

六、國際貿易：這是指跨越國境的貨品和服務的交易，也稱為進出口貿易。對很多國家來說，國際貿易是國民生產總值一個很重要部分。國際貿易造成的國際資金流動稱為「經常帳」，相對於經常帳的就是「資本帳」，是指一國的資金不是因為國際貿易因素而流出或流入的情況，譬如政府或民間的海外借貸與金融投資。經常帳與資本帳的總和就是所謂的「國際收支」，一個國家如果經常帳結餘是正數，就是「貿易順差」，也就是它的國際貿易是賺錢的，反之，經常帳結餘是負數就是「貿易逆差」，也就是國際貿易是賠錢的。

七、外匯儲備：也稱為「外匯存底」。一個國家的資金會因為國際貿易、投資或金融交易而需要進行跨國的移動，不管是用本國貨幣向政府兌換成外國貨幣，或是持有外國貨幣向政府兌換成本國貨幣，國家的中央銀行就是利用外匯儲備來進行外國貨幣的付款與收款。外匯儲備在這樣的過程中因為已經與本國貨幣兌換過了，因此中央銀行不能再次動用在國內進行投資等行為，這樣會等於兌換了兩次，可能會引起劇烈的通貨膨脹。外匯儲備是以外國貨幣的型態存放在國外，常用來購買外國的政府公債。外匯儲備常被視為是一個國家的國力。

從經濟歷史讀懂重要的經濟數字與其影響

要讀懂重要的經濟數據與其影響，不是單看數字的高低或大小，而是要檢視其相對於前一期甚至前幾期的數字變化走向趨勢，因此研究過去的經濟發展歷史就是必要的。

在美國卡特與雷根總統的時代，伏克爾（Paul Volcker）於一九七九年至一九八七年間擔任聯準會 Fed 主席，在他的堅持與主導下，Fed 將利率調升至二〇%的歷史新高，成功遏制了八〇年代高達一四．六%的通貨膨脹率。而後，伏克爾再出任歐巴馬的首席經濟顧問，提出「伏克爾法則」推動金融改革，穩住二〇〇八年發生的金融風暴，在連續幾天內，將利率迅速從五．二五%調降至〇．二五%左右，在 Fed 歷史上從沒有發生過這樣的事。伏克爾是美國金融史的傳奇人物，備受敬重，深入瞭解他的所作所為與當時的經濟環境背景，大概就能預測 Fed 對於利率的想法。

美國政府在疫情期間有好幾輪的「量化寬鬆貨幣政策」，放了很多錢出來，到二〇二一年底，隨著疫情減緩、社會活動開放，經濟已面臨龐大的通貨膨脹壓力；二〇二二年初，俄烏戰爭爆發觸動石油價格上漲，通貨膨脹飆上九．〇六%，是一九九〇年代以來的高點，Fed 遂逐步將利率調整至五．二五%左右。有位朋友長期研究伏克爾的思考邏輯與作法，精準掌握到這一波的利率趨勢，投資操作獲得很好的績效。這就是「讀史」的好處，讀史是要預測未來的可能發展。

經濟統計資料的時間落差

檢視經濟統計資料時必須非常小心避開數據的「時間陷阱」。當一個經濟事件發生，從蒐集相關資料到確定資料為真實，再經過討論作出決策，這需要一段時間，經濟統計理論把這段時間稱為「時間落差」（Time Lag）。

譬如，當原油價格上漲時，要經過幾天的時間才會反映在加油站的牌價上，再過了幾天，小店的老闆加到漲價後的汽油，也許要再經過兩三週，老闆才感受到石油價格上漲帶來的影響，因此決定調漲店內販售價格，這時候物價調查才會反映出來。資料的傳遞與整理也需要時間，等到因石油價格上漲而造成的通貨膨脹數據公布，可能又過了一個月，偏偏單單一個通貨膨脹數據不足以說服政府官員立刻採取行動，因此又再多等兩、三個月，有更多個通貨膨脹數據出來作為佐證。然而政府官員對經濟學論點有不同的立場，一番討論沒結論就再等下一次，最後，終於有結論且採取相對應的策略，已經是三、四個月以後的事了。

前美國聯準會主席葛林斯潘任期長達十八年，歷經四位美國總統。他很常說的是：「通貨膨脹似乎是一個問題，但是無法判定這問題有多嚴重，我們需要更多的時間與訊息才能進一步討論利率是否調整。」講完了！沒有結論。市場上的每個人都認為自己聽到了想聽的那部分，但事實上他什麼都沒說。一個月之後，葛林斯潘又在記者會上說：「我們已經就通貨膨脹與利率調整的問題充分的溝通，每位委員都充分的表達意見，只是尚未達成共識，我們需要更多的時間。」又講完了，你去猜吧！在那七、八年的期間裡，葛林斯潘每次一講話，我就「槓龜」，只能感嘆是八字不合。

會造成「時間落差」的主要原因在於官僚決策體系的延誤，這是無解的難題，因為政治就是一種妥協的藝術，過去如此，現在如此，未來也是如此。

經濟景氣就是周而復始的循環

「經濟景氣循環」也稱為經濟週期、景氣週期。簡單的說，就是一個經濟活動從谷底復甦，擴張成長，達到高峰，開始衰退，跌至谷底，然後再復甦，周而復始的循環現象。在檢視經濟情況是衰退或成長時，是運用國內生產毛額的成長百分比，也就是「經濟成長率」來看。

一個正常發展的經濟體是逐漸膨脹的，所以後面的谷底要比前面的谷底高，後面的高峰也要比前面的高峰更高，也就是說，即使經歷經濟衰退衝擊，整體而言一定還是比之前要好一點。

如果後面的谷底比前面的谷底要低，那代表經濟發展經歷十分嚴重的衰退衝擊，整體的經濟發展是倒退的，譬如全國性的大規模天然災害或政治軍事變

經濟景氣循環

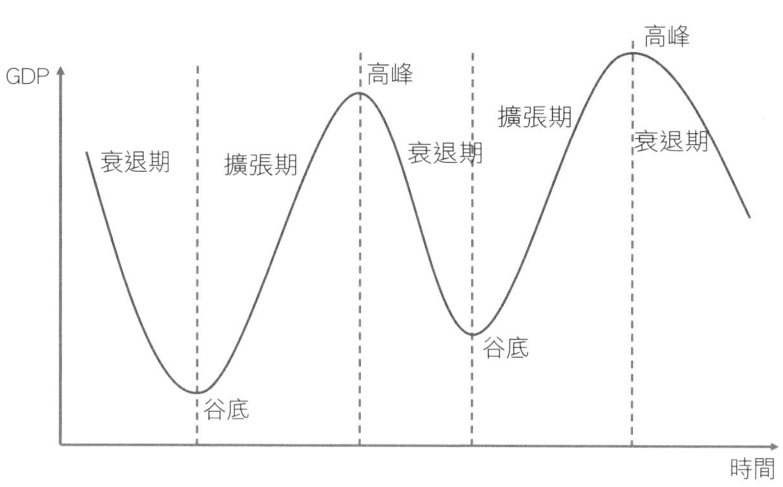

動，就極可能造成民不聊生的狀況。

通常衰退期會在十二至十八個月內結束，短一點的會八至十四個月，很少有到二十四個月的經濟衰退期，因為政府都會在衰退發生時採取財政政策或貨幣政策來刺激經濟成長。

在一般情況下，擴張成長期所經歷的時間會比衰退期的時間長很多倍，因為經濟體的發展是膨脹的，是越來越大的。

貨幣政策與財政政策

政府為了刺激經濟成長或控制通貨膨脹，會有貨幣政策與財政政策兩種方法可以運用。

貨幣政策的決策主體是中央銀行，運用控制貨幣供給量的方式來達到影響經濟活動的效果，主要有幾種措施，包括調節基準利率、調節商業銀行的存款準備率、公開市場操作等等。

存款準備率就是指商業銀行在收受客戶的存款時，需要依據存款的類別而按一定的比率提撥「存款準備金」給中央銀行當作存款保證。如果存款準備率提高，提存給中央銀行的金額增加，商業銀行保留在手上可運用的資金減少了，可以供融資放款的資金就會變少，如此就能控制貨幣供給量。

公開市場操作是指中央銀行在公開市場上，透過債券的交易來控制貨幣數量的方式，譬如美國所施行的量化寬鬆（QE）就是一種公開市場操作。

貨幣政策依據經濟發展的目標不同，可以區分為兩種類型，第一種是「寬鬆貨幣政策」，又稱作擴張性貨幣政策，這代表中央銀行要調降利息、提高債券購買數量、降低存款準備率，以增加貨幣供給的數量，如此一來，市場上便有較多的可運用資金，故稱「寬鬆」。通常是為刺激經濟發展，應付經濟衰退而採取的措施。

第二種是「緊縮貨幣政策」，表示中央銀行要調升利息、降低債券購買量、提高存款準備率，以減少貨幣供給的數量；如此一來，市場上可用資金變少，故稱「緊縮」。通常是為緊縮經濟發展與控制通貨膨脹而採取的措施。

財政政策的決策主體是財政部。國家運用各種財政調節手段，如國家預算、稅收、補貼等措施，增加或減少財政收支，來維持經濟的穩定發展。就經濟發展目標的不同，可以分為「寬鬆財政政策」和「緊縮財政政策」，前者是運用擴大財政預算支出或減少稅收等刺激手段來提振經濟發展，後者則是運用削減財政預算支出或增加稅收等緊縮手段來控制通貨膨脹。

就執行效率而言，貨幣政策是中央銀行體制內的工具，只要中央銀行一決策就可以立刻執行；財政政策的工具往往需要經過預算審核的法定程序，耗時費日，在法定程序完成之後，財政部才能啟動。

直觀經濟學的思考模式

經濟學理論是深奧的學問，從國家財政、國家經濟策略、央行控制貨幣量、股市投資模型，到債券理論、金融理論、賽局理論等等都是源自經濟學，有人稱其為人文科學之母，這也是諾貝爾獎設置經濟學獎的原因。

深入研究經濟學之後會發現好像都在研究「數學」，所有經濟學理論都不是用文字在論述的，而是運用非常高深的數學在建立理論模型，並用數學來證明理論的運作模式，許多知名經濟學家都是從數學或物理領域轉換過去的。因為經濟學的基礎與理論模型由數學所建構，也因此可以說經濟學是很「直觀的」科學，經濟學的推論就跟「一加一等於二」一樣的直接。我選擇幾個重要的經濟指標，試著運用很直觀的經濟學推論邏輯，來解說社會經濟的運作方式及發展趨勢。

一、股市。這是經濟發展好或壞的櫥窗，當經濟發展很好，股市就會上漲；若是經濟發展過熱，可能引發通貨膨脹，央行就會提高利率以降低經濟熱度。當經濟發展很壞，股市就會下跌；若是經濟發展太冷，可能引發通貨緊縮，央行就會降低利率以刺激經濟。

二、債券。可以代表利率，也就是央行的貨幣政策。當央行採用寬鬆貨幣政策，就是央行在市場「放錢」，利率就是下跌，債券價格就是上漲。當央行採用緊縮貨幣政策，就是央行在市場

「收錢」，利率就是上漲，債券價格就是下跌。

三、國際美元。也就是外匯匯率。美國是全球最大的消費市場與金融市場，美元的跨國性流動不但直接影響美國金融市場漲跌，也影響美國與貿易夥伴之間的國際貿易行為，這個影響會以「外匯匯率」的漲跌來呈現。就國際上幾個交易比較熱絡的外匯匯率，譬如歐元兌美元、英鎊兌美元、美元兌日元等等來觀察美元的強弱，當美國經濟發展很好，國際資金流入美國，美元就會升值，其他貨幣就是貶值；當美國經濟發展很壞，國際資金流出美國，美元就會貶值，那其他貨幣就是升值。有人會用「美元指數」來說明這情況，但是美元指數的組成是按各國的貿易比重與當時各國匯率來計算的，整體來看似乎沒有問題，卻無法深入解釋英鎊兌日元或歐元兌英鎊之間的互動漲跌關係；在美元指數波動幅度不大的情況下，美元兌日圓大幅升值超過二〇％，亦即相對於日圓大幅貶值超過二〇％，美元指數卻無法反映如此的波動，因此不建議使用美元指數。

四、能源價格。主要是以石油價格為觀察值。當能源價格上漲，代表著企業的製造成本與運輸成本上升，貨物價格就上漲造成通貨膨脹，經濟發展就會變壞。當能源價格下跌，代表著企業的製造成本與運輸成本下跌，貨物價格也就下跌造成通貨緊縮，經濟發展也許短期會變好，但是通貨緊縮太嚴重會引發「消費停滯」的現象，經濟發展就會更壞。

五、房價。是經濟發展好壞的另一個櫥窗。房子從建築到內裝所需各類組件繁多且複雜，涉及到許多產業的生產，相關從業人員眾多，使其成為「火車頭」產業。若新屋銷售佳，代表整體經濟應該很好；若新屋銷售不好，代表整體經濟應該不好。用新屋為基準是因為中古屋的屋況條件複雜，不容易取得一致的評估標準，在美國，一個新建基地開發案往往是幾十間甚至上百上千間房屋，比較容易取得對照的標準。更重要的是，房價漲跌也關係著通貨膨脹，房價上漲的一個主因在於各類組件價格上漲或工資上漲，這就是通貨膨脹所造成的；房子是唯一能夠有效對抗通貨膨脹所造成負面影響的工具，當通貨膨脹發生時，大眾會去搶買房子，造成房價上漲。

六、經濟成長率。就是經濟規模增加的速度。一般以國內生產毛額對上一年或上年度的增加率來衡量。經濟成長率是衡量整體經濟發展最直接的數據，當經濟成長率很高，代表經濟發展很好，股市就會上漲，通常通貨膨脹就會上揚；當經濟成長率很低，代表經濟發展不好，股市就會下跌，通常通貨膨脹就會下跌。

經濟指標的「互為因果」關係

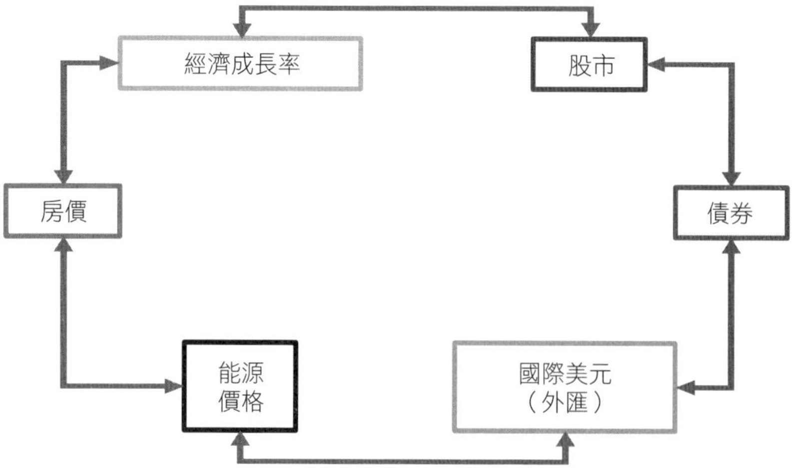

這幾個重要經濟指標彼此間的關係往往是「互為因果」，就如右頁這個圖所顯示的。

小資的智慧

- 小資們，資本主義運行模式就是經濟學理論所架構出來的。
- 小資們，要瞭解金融市場的運作漲跌，就要先瞭解經濟學到底是怎麼一回事。
- 小資們，不讀史何以知未來？讀史是要預測未來的可能發展。
- 小資們，搞清楚經濟景氣循環，就能瞭解目前經濟的情況。
- 小資們，國家經濟要穩定發展，必得運用各種財政調節手段。

第十六堂

金融投資詐騙

金融投資詐騙猖獗，台灣成了「詐騙之島」

台灣話裡說「狀元賊」，就是指作賊的個個是聰明的狀元郎。在台灣，如果你問：「自己或家人從來沒有接過詐騙電話的，請舉手。」應該沒有人可以舉手，台灣的每一個人都接過詐騙電話。如果再問：「自己或家人從來沒有被騙成過的，請舉手。」不會有人舉手的，幾乎台灣的每一個家庭都曾經有人被詐騙過，賠過錢。

最常見的詐騙類型像是冒名金融名人詐騙投資、利用電話簡訊或 LINE 加入飆股群組勸誘買賣、要你下載非法金融商品交易平台或虛擬貨幣投資平台，或是扮演角色進行詐騙。

台灣的金融投資詐騙猖獗，整個島被戲稱為「詐騙之島」，會這樣，代表著社會有嚴重的生活問題無法解決，像是年輕人長期低薪，還有社會底層勞動者難以翻身的問題，所以才有人甘願冒被抓與被判刑的風險去幹這些事。

法律判刑很輕也可能是原因之一。台灣對於詐騙案的判刑之輕，讓人們常開玩笑說法院是詐騙集團開的，你相信嗎？居然有詐騙犯被判緩刑或得易科罰金，難道，詐騙案的受害者之中從來沒有檢察官的家人，沒有警察的家人，沒有法官的家人？

騙子在新加坡被抓到，可能就判你鞭刑三鞭，這三鞭打下去，可能要趴睡六個月以上，無法起床上廁所，鞭刑的傷痕是一輩子的身體烙印。先不談鞭刑是多麼的不符合人權，至少這刑罰是有效的，這個比在台灣判刑三個月更有效。

許多國家對於詐騙的累犯常常用「擾亂國家金融秩序」與「擾亂社會秩序」的罪名來處理，嚴重一點的可能判死刑，少的也至少關十年以上。重罰之下，騙子怎樣都不會把自己的命搭進去，因為騙子是絕不玩命的。

許多人建議台灣修改法律，提高對詐騙處罰的判刑，只是政府遲遲未見具體行動。唉，只能說，要自己多小心呀！

「詐騙之島」還能夠「技術輸出」，也有能力作「整廠輸出」。所謂「技術輸出」就是在國外找當地人合作，用台灣的教材與設備器材來訓練當地人員。所謂「整廠輸出」就是在國外直接設立詐騙基地，所有人員、設備器材等等都是從台灣出口過去的。這已經是一個很有深度，很有願景的「詐騙產業鏈」，連非洲都有台灣人去搞詐騙，想一想，真的很誇張。

詐騙會發生在你身上的原因就是「貪」與「無知」

其實，金融投資詐騙案件特別的多，真的不是騙子比較多或是騙子比較厲害，而是貪心與無知的人比較多。「貪心」就容易被騙子用「利」來騙你，你要人家的「利錢」，人家卻要你的「本金」，若你不貪那一點的「利」，騙子哪騙得了你的「本金」。

生活與社會經驗越單純的人越是容易被騙，譬如退休老師、退休公務人員，因為他們「不知道社會事」；學歷越高的越是容易被騙，因為其人生的哲學是假設「世間人皆是好人」。還有一種「無知」是對於金融相關訊息無法即時掌握，譬如繳稅的問題、信用卡的問題、戶政機關的問題等等，騙子就利用政府機關或金融機構的名義來騙你、來套你，你一時迷糊就被騙走了。

有位朋友擁有一個專利，想找創投的資金投資，找我一起去拜訪一位號稱金融界前輩的人。這人告訴我朋友嚇死人的話：「借錢可以不用還。」為了取信於我們，還舉了幾個他融資的成功例子。不用還，那不等於是「搶銀行」嗎？如果這是真的，那全世界的金融體系就崩盤了。

只要你信了，你起了貪念，你的一輩子心血就不見了。

更好玩的是，這位朋友也帶我去拜訪一位號稱持有千億美元資金的人，一開口氣勢有如央行總裁上身，說需要多少錢投資就有多少錢可以投。要知道，手上有「千億美元」的意思就是比世界上八成以上的國家還富有，堪比是全球知名首富的超級富豪，又怎麼會業界人士都沒聽說過這麼一號人物呢？我都很懷疑這傢伙到底有沒有見過實體「一百萬美元」到底有多大的體積。

只要你信了，你起了貪念，你就被賣了。

曾經有位聲稱常住巴黎的女生來找我，她說她手上持有約八十公噸的黃金，存放在非洲西岸的一個國家，是幾年前中國的探勘隊去挖出來的，有法院證書與倉儲單作為證明。她現在需要一些資金去安排一架私人飛機，把黃金運送到新加坡，事成之後會分一五％給我。這些人說話都不事先查查資料耶，要挖出八十公噸的黃金可是需要挖幾百公尺深、幾百公尺寬的礦坑，甚至是要挖幾個山頭才可能挖到的，而且可能要費時幾十年持續開挖，每年投入幾百人的人力。八十公噸黃金的價值超過五十五億美金，你以為可以這樣自己搬過來搬過去喔？這可是要繳納多少的出口稅與進口稅呀！況且，一般的私人飛機最大載重量不到二十公噸，要搬動八十公噸黃金需要多幾架私人飛機或是出動貨機吧。騙神騙鬼都可以，但是不要騙我。

之前有位銀行的ＶＩＰ客戶拿著十張「百萬美金」面額的紙鈔去找我在銀行工作的朋友，紙質是真鈔的紙，油墨也是正常的，作工很精細，鈔票號碼張張不同，也可以通過驗鈔機的檢驗。這位ＶＩＰ客戶表示這些美鈔是美國政府特別用來支付石油價款的，他拿來是要兌換成一千萬的美元現金。我是鄉下人，真的沒見過如此神物！朋友半信半疑的先收下其中一張，拿去進行檢驗與兌換的程序，紐約總行經過好一陣子與美國聯邦特勤局的精密檢驗之後，確認是張偽鈔，其中一個可笑的原因是，美國政府從來沒有發行過「百萬美金」的紙鈔。這仁兄真的很行！連銀行的人都敢糊弄，這根本就是沒有存在過的東西，騙得過去嗎？

有位作石油貿易的朋友拿一張人民幣的銀行定存單給我看，一看我差一點昏倒，金額的「〇」多到我數不清楚，連續數了許多次才確定其金額是一百億人民幣，這定存單是客人拿來要當作石油貿易合約的「履約保證」與「財力證明」。我是鄉下人，真的沒見過這麼大金額的定存單，定存單上，銀行的官方印章、兩位分行主管的簽章、防偽的浮水印，一樣不缺，而且油墨很優、印刷清楚。我看了直接跟朋友說：「假的！」原因在於沒有任何一個公司會存「一張」一百億的定存單，這完全不符合財務管理的基本分散原則，在資金調度上根本不會這樣作的。但是，要如何測試是真是假？朋友請客人回去，明天早上搬一千萬現金到辦公室，若可以，那這一張一百億的定存單就收下來當作履約保證與財力證明。結果，人回去了，沒有再出現過！

大約在一九九六年左右，有一群台灣人帶著幾個日本人來找我，他們跟我說：「總統府前面那兩個停車場下面有大量黃金，那是日本的戰備儲備黃金，戰後要撤離台灣之前藏在那裡，應該有兩百噸。」這群人希望可以贊助他們五百萬美金，好讓他們去打通關係進行開挖，若是挖到黃金，將分給我其中的一成，也就是二十噸黃金。我心想，二十噸黃金是值多少錢啊？完了！我要富到流油了！你要是信了這種鬼話，你就是那個「倒楣鬼」。

許多年以前，有位銀行的朋友來找我，說有一個國際基金會在尋找可以解鎖基金的人，這個基金會手上控制一筆幾兆美元金額的資金，其源頭是孫中山先生同盟會的革命基金。有三位資深的金融人士管理著這基金的運作，兩位是美國人，一位是英國人，其中一位美國人是位女士，是孫中山先生的妻子宋慶齡在過世前指定的基金管理人的孫女，目前在華爾街擔任高階經理人。這個國際基金會在尋求一百萬美元的資金贊助，以協助他們去尋找這三位基金管理人，讓他們簽字解鎖這基金，那這一筆錢就可以用來建設中國，用來幫助十四億的中國人。

我聽完他們的「願景」都感動得要流眼淚了，那可是全世界的華僑為革命所捐獻的款項，是孫中山先生革命的血淚呀，未能在那個時代「適逢其時」，但能在這個時代「躬逢其盛」，也算是人生的一大幸事。既然已經不可能成為「孫中山」，但是在那個剎那之間，實在很想掌握可以拿到「孫中山們」的機會啊，他們說若是願意資助一百萬美金，等基金解鎖之後，會分八％給我，也就是，若基金是一兆（一萬億）美元，那我就可以分到八百億美元，哇！那我豈不是可以天天躺在倒滿「香檳王」的浴缸內洗澡澡。

你看看，有完整的故事，有偉大的歷史人物，有民族的情懷，又可以幫助人，能觸動你的愛心，還有高額的報酬，多麼吸引人呀！這些搞詐騙的人應該去寫小說的。

不要以為詐騙只有金融詐騙案而已，現在更多情況是要你投資科技創新或生物創新的公司，小資們，不要夢想自己會碰到創業初期的阿里巴巴馬雲或是蘋果賈伯斯，你沒有那些領域的知識就不要去碰那些不懂的東西。

如何防患金融投資詐騙？

要防患金融投資詐騙，可以利用基本的五個步驟詳加檢視。

第一是這個公司是否在台灣完成法人登記？絕大部分金融投資詐騙的「主體公司」沒有在台灣完成法人登記，這意味著，它在台灣就是一個無關重要的「空殼」，真的有事要找他們時就會找不到，要投訴也沒有門路可找。最常見的手法是將第一層「主體公司」設在一個金融監管比較鬆散的國家，譬如非洲或中南美洲的國家，然後再到如新加坡或香港等地方設立第二層的「實體操作公司」，在台灣的銷售人員就拿著新加坡或香港的公司名片去攬客，通常，這些銷售人員只是為了銷售分紅而傻傻的跑業務，不一定知道這是違法的行為，在不知不覺中當了詐騙案的幫兇，一旦出事也就一起倒楣。

第二是這家公司是否符合機構業務種類的資格？法人登記必須符合相關業務的公司設立要求，譬如要銷售基金，在資本額要求、人員配置等方面就要符合基金銷售機構的設立條件，並不是隨便搞一家貿易公司、顧問公司或軟體公司就可以開始賣基金了。根據經驗，第一層「主體公司」不在台灣，連第二層的「實體操作公司」都不在台灣，也不是政府所要求的「基金銷售總代理」金融機構，那應該就是詐騙了。

第三是銷售人員是否符合業務從業人員的資格？在台灣的金融商品銷售人員需要持有符合相關監管機構的「從業人員資格認定」證照，也就是要先通過相關從業人員的資格考試。坦白說，能夠考過這些認定考試是需要兩把刷子的，根據經驗，詐騙案幫兇的銷售人員通常只靠一張嘴之外，也許還有一點可愛與姿色，不會有任何的專業資格認證。

第四是這家公司是否提供完整正確的訊息？為取信於你，銷售人員通常會給一個「公司網址」，讓你自己去查看公司的背景。你所不知道的是，詐騙案主角會花很多經費去請專人設計網站，我所見過的很多類似網站都有很棒的設計，只是內容經不起檢驗而已，因為很多內容是移花接木來的。網站內最常見的是一堆名人照片，用以彰顯其雄厚的人脈關係，目的在取信於你。事實上，公司的名人照片越多，這公司越是有問題，名人照片不具有任何意義，就是因為一切都是虛構出來的，才需要很多名人照片來幫襯。

第五是要仔細審閱合約內容是否有問題？合約是正式的法律文件，就算是金融投資詐騙，也會準備一份看起來很正式，且經過律師審視的文件給你簽字。但是，又有多少人仔細的去研究過它的內容呢？若是仔細研究過，自然會發現裡面有許多的疑問或不合理的地方，這合約的本質是很空洞的，很偏袒投資公司的一方。你要投入龐大的資金，卻沒有自己或請人幫你先看清楚合約，被騙了也只是剛好而已。

騙局會一直發生，只是你要如何面對它，處理它

不要被騙子牽著走，就要拒絕各種可疑的誘惑或要求。這邊提出三個避開金融詐騙的心法：

一、不要信。你想想，股市分析師執照有多難考，沒有這執照是不能公開分析股市的。網路上有許多漂亮小妹妹，一開口就是如何投資股市或虛擬貨幣，一看也知道那是「廣告」，只為了釣你出來而已。有股市執照的分析師看多了，那個氣勢與自信是可以壓死人的，這種漂亮的小妹妹一臉沒念書的樣子，一看就知道不可能有執照的，還明牌呢！要減少自己接收到這些不實消息的機會，對於陌生電話一定不要接，最好的作法是去跟電信公司要求把自己的電話號碼設定「不公開」，不接受查號，如此會減少許多不明的來電。在通訊軟體如 LINE，也設定為「不公開」與「不接受加好友」，只有你可以主動去加人，別人加不到你，不是好友的訊息自然也傳不進來。

二、不要貪。只要不起心動念，禍事自然避開，永遠要記住：「天下沒有白吃的午餐！」任何的金錢獲取都是要經過努力而來的，不會有人白白送給你，若是有人要送你錢，必定有鬼，對於莫名其妙的金錢往來要從靈魂深處就予以拒絕。另外，要記住，提款機只能提自己的辛苦錢，不能提別人的錢，操作提款機只能把錢轉出去，不會有可以把錢轉進來這種事。不管你有沒有很多錢，銀行帳戶也就只要一、兩個可用就好了，不必到處開銀行帳戶，銀行帳戶太多容易出事。

三、沒有錢。人的一生可以被騙的只有兩種事，不是感情被騙就是金錢被騙。人都有感情，人生之中難免感情被騙，了不起也就一、兩次而已，金錢被騙的事情頻繁許多，但是，如果「沒有錢」，就沒有人騙得了你。記住：騙子找上你是為你的「本金」，而你會相信騙子是為「利錢」所引誘，請問哪一個金額比較大？當然是本金嘛！那又何必為小小的利錢而損失本金呢？任何人要跟你談錢的事，你一定就是先擺出「我沒錢」的態度，就算是親閨女也是要如此對待。這是動物自我保護的本能，只要這本能在，沒有任何人可以騙倒你。

小資的智慧

・小資們，有那麼多詐騙不是騙子比較多，而是貪心與無知的人比較多。
・小資們，若你不貪那一點的「利」，騙子哪騙得了你的「本金」。
・小資們，沒有那樣的知識就不要去碰那些不懂的東西。
・小資們，不要夢想自己會碰到創業初期的阿里巴巴馬雲或蘋果的賈伯斯。
・小資們，要投入龐大的資金，卻沒有先去研究清楚，被騙了也只是剛好而已。
・小資們，任何的金錢獲取都要經過努力，若有人白白要送你錢，必定有鬼！

第十七堂

投資自己與設立人生目標

設立人生目標

想在人生的競技場上成就自己，享受到成功的快樂，贏得世人的尊重，一切都要靠自己的雙手去開創，所有榮耀都要靠自己去爭取，唯有如此，名利、榮耀才能持久。「財富」是給我們勤奮工作的嘉獎，無人可以批評我們的努力工作，也因此無人可以批評我們賺得的財富。

何謂人生目標？許多人的一輩子都在為「人生目標」而感到迷茫。會感到迷茫就是因為沒有具體目標、沒有時間表、沒有實現可能性、沒有寫下來。

要設定「人生目標」必須有幾個條件。它必須是具體的、明確的，譬如存二十萬；它必須有時間表，譬如一年內；它必須有實現的可能性，譬如一年內存到二十萬；它必須被寫下來，這樣才可以時刻提醒自己要努力。

「人生目標」可以分階段完成，因此要準備一份「目標清單」，逐次逐項的去達成。「人生目標」的設定不能太簡單就可以完成，不費吹灰之力那就沒意思了；但是又不能過於困難，窮盡畢生之力而無成就可言，那就容易放棄。

「人生目標」必須常常修正設定，要勇敢的去嘗試更大的目標，提升自己，超越自己。人的本性到底是「貪婪」的，是「無限」的，要有更大的目標來滿足自己。

最重要的人生投資

在努力完成人生目標的過程中，最重要的是要「投資自己」。窮人缺的不只是錢，更缺的是投資自己的想法與能力，其結果就是一直在惡性循環中過日子，當然也就談不上有人生目標了。

「投資自己」可說是這世上最值的事，其回報也是最大的。那麼，應該要如何「投資自己」？首先，也是最重要的事，就是投資自己的健康。沒有健康，所有的財富都要歸零。沒有健康，所有的目標都是灰燼。沒有健康，所有的一切都只能寄託靈魂。

其次是要學習知識，也就是要多讀書。必須讓自己的知識與專業技能可以「與時俱進」，如此才不會被社會所淘汰，如此才能跟人家有話題深聊，如此才會明瞭未來的脈動，才能跟上時代的變化。有八八%的富人階層，每天會閱讀三十分鐘以上的商業相關書籍，全球首富比爾蓋茲每年要讀五十本書，巴菲特一天裡有八成的時間都在閱讀。窮人之所以無法翻身是因為太少閱讀了。沒時間閱讀，也就沒時間變有錢。

接著要擴展有用的人際關係。多加入社團活動擴增人際關係，擴展自己的視野與思維模式，進而改變自己的生活模式。有用的人際關係是機會，是成功的密碼，是累積財富和自我學習的重要關鍵，記住：「三人行必有我師。」

最後，要努力累積財富。財富是要完成人生目標的過程中所必不可缺的要素，沒錢就無法完成任何人生目標，這是現實的問題。

在累積財富的同時，不忘持續學習與擴展有用的人際關係，如此便形成一個「正面循環」，要完成人生目標自然不是問題。

工作不是只有賺錢與存錢而已，更要「存人脈」

好的機會是可遇而不可求，每個人的一生中都有屬於自己的那兩、三個好機會，關鍵在於當機會來臨時，你是否有辦法掌握，而這些機會往往源自於你的人脈關係。

你是為了什麼而工作？工作中除了持續發掘自己各方面的能力與潛力，工作更像是一段有趣的人生探索旅程，你不只要工作賺錢，更重要的是交朋友，擴展人際關係。就算你工作能力過人，但推展業務，談生意合作，這些都需要天時、地利與人和，所謂的「人和」就是人脈，在關鍵時刻，有人幫忙推一把，就會事半功倍，成功機率大增。

「人脈」就是當你需要別人幫助時，會有一群人願意跟著你一起努力，這一群人就是你的「人脈」。為何人脈要用「存」的？人脈就如同計算複利率公式中的「利率因子」，當人脈越廣，你的「複利率因子」就越大，那人生要達成目標或是累積財富，就能以幾何倍數推進，就越容易達成。人脈有如黃金般珍貴，需要小心的呵護，因此是「存」人脈。

幾年前，我拿一個政府的開發計畫案給一位朋友看看。這開發計畫案要求開發公司的資本額要至少一百億新台幣，還要能從銀行融資三百億至五百億的資金，需繳納給政府的權利金要一百億，總投入的開發資金至少需要五百億新台幣，這種資金條件把絕大部分的建設開發商給排除了。朋友看了非常有興趣參加，但是他公司的總經理反對，理由是公司的現金不足以應付這樣龐大的資金需求，朋友就說：「不用擔心，我來找某某人跟某某人，應該就可以湊足權利金需要的一百億了。銀行融資的五百億，簡單啦！找某某銀行來帶頭搖旗一下就會有其他家銀行跟進了。」講得好像銀行是他家開的一樣簡單。

這就是人脈。平常好好的存著，好好的維繫著，要用的時候就有。

究其根本，人脈的建立與維繫在於你的「人緣」與「信用」的好壞。一個人如果容易相處，願意與人為善，樂意奉獻付出，發自內心的去關懷對方，那「人緣」與「信用」自然會是好的，就會有許多人願意或喜歡與之為友。如此，建立人脈自然不是問題，但是，別忘記，人脈還要「用心」經營才能好好維繫。

有位加拿大朋友的孩子在資訊業工作幾年後深感工作很無聊，有很大的無力感，因此決定去念書進修，他選擇到瑞士一個商學院讀ＭＢＡ學位。入學之後，他發現同學個個有來頭，個個不簡單，有澳洲部長的孩子、有阿拉伯國家的王子、有英國金融世家的後代。這些同學在他拿到學位再度投入職場之後，給了他極大的幫助，這就是存到的人脈！

要用心經營人脈是有一些方法的。

以「利人」為出發點。從他人的利益為出發點，讓對方感受到你是為他著想的，如此，人脈才容易維繫，簡單來說，就是創造你在對方心中的價值。大多數的人在擴展人脈上會碰到問題，是因為以「利己」為出發點，「與你交往是因為對我有利」，這種以自身利益為主的人不容易有為其賣命的真朋友，反而會有更多遇事就閃的酒肉朋友。

以「真誠心」為軸線。要用心與對方往來，不要為交換名片而交換，更不要為了認識而認識，而要以「真誠約會」的角度，思考如何與人深交。真誠的「投人之所好」是深化人脈關係的重點，若是你的心是有溫度的、是真誠的，不是以自我利益為出發點，對方自然會感受到，自然會與你深入交往。有誠心，就會有信任，信任是人脈的基礎。「會請吃飯」是能夠建立人脈的第一步，但「會請吃飯」不是光喝酒，喝醉就回家睡覺，而是要藉機會展現你的真誠。

以「專業」為思考點。人的一生中必須要與三「師」交往，三「師」就是醫師、會計師與律師。為何有此說法？就是以「專業」為思考點。醫師維護著你的健康，會計師維護著你的財富，律師維護著你的名譽，在人的一生中，這三「師」是無法取代的。有著相同的專業，意味著就有相同的興趣，也就有相同的話題，甚至於相同的工作問題要面對。從專業為思考點去擴展人脈是最容易的，也最容易有知音。由專業再向外延伸擴展，那人脈網就成形了，與對的人同行，在專業路上相互牽成。

簡言之，「要會做人」和「予人信任」是建立人脈的要素，而要維繫人脈就是靠「人抬人」的人際關係。

斜槓人生可取嗎？

現在很流行「斜槓」，這到底是什麼意思？斜槓代表的就是不只擁有一種身分或工作的人。不論你斜槓的出發點是興趣使然或是為了金錢的目的，斜槓是需要花去許多寶貴時間的。

若是為了培養興趣，那當然不錯，可以結交很多朋友，問題是在你的財務尚未能夠滿足你的生活需求之前，是否有更重要的事要先去完成？「時間」是人生過程中最為昂貴的資產，稍縱即逝不復還，為何不多花一點時間在學習知識技能或是人脈擴展方面，反而是花在興趣上？

若是為金錢目的，那更是要為你抱憾！理論上，斜槓兼職所賺的金錢應該比正職工作要少很多，斜槓兼職的收入穩定性也比較不好，絕大部分的斜槓兼職都是用「時間的加法」在賺錢，有一份時間與勞力的投入才有一份的收入，時間與收入是被綁死的。如果你的斜槓兼職賺得更多、收入更穩定，那你就應該轉換斜槓兼職為正職工作才對呀，事實上根本不是如此嘛，那你斜槓兼職的目的是什麼？

許多年輕人盲目的追求斜槓兼職，說興趣卻不是興趣，說賺錢卻賺不到幾文，好像會許多東西，但可確定的是不在專業專職工作精進，有點類似「樣樣通，樣樣鬆」的情況。根據觀察，絕大部分的斜槓兼職都是在浪費寶貴的時間，因為絕大部分的斜槓兼職都是在「打零工」以賺取必要的生活費用，並不是在一個專業專職的工作上面作更加精細的提升。

請不要誤解，我並不是反對從事斜槓兼職的工作以賺錢養家或養活自己，但是斜槓兼職工作必須發揮槓桿的效用，斜槓兼職不是因為錢而隨便兼的，必須以擴展或深入發展專業專職工作的思考為依歸。

不管你的斜槓兼職有多厲害，拿出來抖一抖，你的專業專職工作還可以剩下什麼呢？時間一久，有人自然不相信你在專業專職工作上的能力，因為斜槓兼職多了，專業專職工作上的能力就自然會退步了或無法與時俱進，因為時間與體力不足以分配，你不再有時間與體力在精進專業專職工作上，那豈不完蛋！

必須去深思，斜槓兼職除了錢，又賺到什麼？若是斜槓兼職能夠讓你掌握更多的工作技能，以便未來有更好的發展，那這種斜槓兼職自然有意義。

三十幾年前在美國念書時，要申請商學院的獎學金是十分困難的，商學院又不像理工學院有實驗室的研究助理職缺，每個系只有非常少數的助教缺，一旦申請到獎學金，每週工作二十小時，學雜費全免，每個月還有八百五十美金的錢可拿，包括寒暑假也可以領。對於一個外國來的窮學生，這是何等重要的經濟收入與榮譽呀！

當系主任秘書通知「我是今年唯一的獎學金得主」時，好比「金榜題名」的快樂，我趕快去跟一位也是來自台灣的教授分享這份喜悅，結果，這位教授只冷冷地講了兩句話：「恭喜你，不容易呀，有那麼多人申請，才一個缺。」「你放棄獎學金吧！不要因為賺小小的錢而耽誤你在美國的念書。」就把我趕出研究室了。有沒有搞錯？叫我放棄獎學金！當時我一心只想著有錢賺，眼裡有如冒著「＄」符號一般，後面那句話，我想了超過五年才想通一點點，教授是要我百分之一千的把心思放在念書上，因為時間是有限的，不要浪費時間在其他事情上。此時此刻，錢重要嗎？我飄洋過海到美國是為了念書，不是嗎？專心把書念好，其他的不要作。

小資們，人生中比錢更貴重的是「時間」與「親情」，斜槓兼職除了錢，還賺到什麼？但同時你失去了什麼？人生就是取捨之間，懂得取捨，才能贏。

「專心與專業」做好一件事比任何事都重要

「職人精神」在日本又稱作「匠人精神」，代表的是只要努力與用心，再平凡的工作也能做得出類拔萃，再平凡的作品也會注入靈魂，其中更要包含強烈的自我期許以及濃厚的情感。

「職人精神」的養成需要很長的時間，這個養成過程中，師傅不只是在訓練徒弟的技藝，同時在考驗徒弟的個性及品格，這樣的過程，自然會讓不適任的人離開，讓通過考驗的人擁有無懈的品格；它不只是學徒熬成師傅的程度，而是到達師傅成為「一代宗師」的境界。

「職人精神」追求極致的完美，所謂「極致的完美」就是不斷的超越自己，「好」是不夠的，好必須要再更好。

「職人精神」就是堅持。在日本，常看見徒弟跟著一位師父幾十年，其精神就是「堅持」與「永不放棄」。其目標是長遠的，往往畢生只作一件事，除了堅持，還是堅持，就是要在工作上成「精」。

在一個工作上努力五年，叫「出師」。在一個工作上努力十年，叫「師傅」。在一個工作上努力二十年，叫「大師」。在一個工作上努力三十年，叫「宗師」。在一個工作上努力四十年以上，叫「一代宗師」。請問，你是哪一個師？

現在的社會，很多人在一份工作或公司待個三、五年，就覺得好像會浪費一輩子的時間，就代表毫無錢途，然後就換過來換過去的找尋新工作。問題是，這個作不好，那個也作不好，那要作什麼好呢？問題是，這個斜槓，那個也斜槓，那專職專業是什麼呢？如此對自己的人生不負責，那就不用提「人生目標」了，那一輩子就廢了。

小資們，「專心與專業」做好一件事，比任何事都重要。

小資的智慧

- 小資們，人生中比錢更貴重的是「時間」與「親情」。
- 小資們，想想，斜槓兼職賺到了什麼？又失去了什麼？
- 小資們，人生就是取捨之間，懂得取捨，才能贏。
- 小資們，斜槓兼職不是不可取，除非你已經財務自由了。
- 小資們，「專心與專業」做好一件事比任何事都重要。

參考書目

- 陳斐娟《膽小存錢，不如勇敢賺錢》（台北：平安文化，2014）
- 瑞秋・李察斯（Rachel Richards）《讓可愛的錢自動滾進來》（台北：時報出版，2021）
- 邱沁宜《理財就像談戀愛》（台北：如何，2012）
- 陳政毅《財富自由，從家庭理財做起》（台北：博客思，2018）
- 維妮《跟理財談一場戀愛吧！》（台北：布克文化，2018）
- 水湄物語《理財就是理生活》（台北：大是文化，2020）
- 禮林（Lilin）《理財EASY學》（台北：時報出版，2023）
- 李雅雯（十方）《我用菜市場理財法，從月光族變富媽媽》（台北：采實文化，2018）
- 施昇輝《無腦理財術，小資大翻身！》（台北：有鹿文化，2018）
- 大竹乃梨子《高財商女子養成術》（新北：幸福文化，2022）
- Dr. Selena楊倩琳《月入23K也能投資理財》（台北：時報出版，2018）
- 吳淡如《人生實用商學院：誰偷了你的錢？》（台北：時報出版，2021）
- 吳淡如《人生實用商學院：富有是一種選擇》（台北：時報出版，2022）

．鄭廳宜《億元教授上課了！》（台北：晴好出版，2023）
．闕又上《全方位理財的第一堂課》（台北：先覺，2022）
．趙柏凱《小資理財90秒》（新北：野人，2023）
．王志鈞《從0存款到破百萬》（新北：木馬文化，2019）
．陳伯源、林士貴、陳國堅、黃美華《個人理財（第二版）》（新北：全華圖書，2023）
．潘信達《天才理專的365堂理財課》（台北：易富文化，2013）
．蕭世斌《第一次領薪水就該懂的理財方法》（新北：大樂文化，2011）
．林寶珠、吳淡如《聰明女人學投資》（台北：方智，2008）
．張世民《呆薪族也開竅的快樂理財書》（台北：創見文化，2011）
．周怡潔《小資賺千萬人脈理財術》（新北：世茂，2014）
．唐祖蔭《理財與生活：富朋友‧窮朋友掙錢術》（新北：葉子，2017）

國家圖書館出版品預行編目（CIP）資料

小資商學院：簡易型經濟與金融理財工具書 = How to Reach Financial Independence / 葉美麗, 吳俊德著. -- 初版. -- 臺北市：聲音研制所出版：早安財經文化有限公司發行, 2024.12
面； 公分

ISBN 978-626-99336-0-0(平裝)

1.CST: 理財 2.CST: 投資心理學

563 113019051

VL01

小資商學院

簡易型經濟與金融理財工具書

How to Reach Financial Independence

作　　者：葉美麗、吳俊德
封面設計：Bert.design
責任編輯：廖明潔

出　　版：聲音研制所
發　　行：早安財經文化有限公司

聲音研制所粉專　小資商學院 Podcast

總　經　銷：大和書報圖書股份有限公司
電話：(02)8990-2588
製版印刷：中原造像股份有限公司
初版 1 刷：2024 年 12 月
初版 2 刷：2025 年 2 月

定　　價：500 元
I S B N：978-626-99336-0-0（平裝）

版權所有・翻印必究
缺頁或破損請寄回更換